TORNAR-SE UM CONSIGO MESMO

Dados Internacionais de Catalogação na Publicação (CIP)
(Câmara Brasileira do Livro, SP, Brasil)

Kast, Verena
 Tornar-se um consigo mesmo : identidade e autoestima num mundo complexo / Verena Kast ; tradução de Milton Camargo Mota. – Petrópolis, RJ : Vozes, 2024.
 Título original: Immer wieder mit sich selber eins werden
 ISBN 978-85-326-6841-7
 1. Identidade (Psicologia) 2. Psicologia junguiana 3. Relacionamentos I. Título.

24-207091   CDD-150.1954

Índices para catálogo sistemático:
1. Psicologia junguiana 150.1954
Eliane de Freitas Leite – Bibliotecária – CRB-8/8415

Verena Kast

TORNAR-SE UM CONSIGO MESMO

Identidade e autoestima
em um mundo complexo

Tradução de Milton Camargo Mota

EDITORA VOZES

Petrópolis

© 2018 Patmos Verlag. Verlagsgruppe Patmos in der Schwabenverlag AG, Ostfildern.

Tradução do original em alemão intitulado *Immer wieder mit sich selber eins werden – Identität und Selbstwert entwickeln in einer komplexen Welt*.

Direitos de publicação em língua portuguesa:
2024, Editora Vozes Ltda.
Rua Frei Luís, 100
25689-900 Petrópolis, RJ
www.vozes.com.br
Brasil

Todos os direitos reservados. Nenhuma parte desta obra poderá ser reproduzida ou transmitida por qualquer forma e/ou quaisquer meios (eletrônico ou mecânico, incluindo fotocópia e gravação) ou arquivada em qualquer sistema ou banco de dados sem permissão escrita da editora.

CONSELHO EDITORIAL

Diretor
Volney J. Berkenbrock

Editores
Aline dos Santos Carneiro
Edrian Josué Pasini
Marilac Loraine Oleniki
Welder Lancieri Marchini

Conselheiros
Elói Dionísio Piva
Francisco Morás
Gilberto Gonçalves Garcia
Ludovico Garmus
Teobaldo Heidemann

Secretário executivo
Leonardo A.R.T. dos Santos

PRODUÇÃO EDITORIAL
Aline L.R. de Barros
Marcelo Telles
Mirela de Oliveira
Otaviano Cunha
Rafael de Oliveira
Samuel Rezende
Vanessa Luz
Verônica M. Guedes

Conselho de projetos editoriais
Luísa Ramos M. Lorenzi
Natália França
Priscilla A.F. Alves

Diagramação: Littera Comunicação e Design
Revisão gráfica: Nilton Braz da Rocha
Capa: Rafael Machado

ISBN 978-85-326-6841-7 (Brasil)
ISBN 978-3-8436-0973-9 (Alemanha)

Este livro foi composto e impresso pela Editora Vozes Ltda.

Sumário

Prefácio, 9

1 A pergunta acerca de mim mesmo, 11

Em que podemos confiar?, 15

Contar com relacionamentos confiáveis, 16

2 O que pode ser entendido por identidade?, 19

Continuidade e coerência, 20

O dilema, 22

Eu sou como sou visto, ou: Eu sou visto, logo existo – Um
conceito moderno, 24

E ainda assim: um cerne, 26

Quem é você?, 27

Identidade e mudança, 28

**3 Busca de pistas acerca da identidade: O que já foi enten-
dido como identidade?, 31**

O contraponto à linearidade da identidade: Hermann Hesse
(1877-1962), 33

Jean-Jacques Rousseau (1712-1778), 34

O existencialismo francês e a pergunta pela identidade, 35

4 A identidade surge no "entre", 41

Emoções, regulação emocional e o olhar amigável, 42

O início da identidade consciente: a mancha vermelha, 45

A comparação: eu e os outros – os outros e eu, 47

Atribuições, 55

Discrepância entre o externo e o interno, 60

O olhar do outro e a atribuição, 63

Democracia, 67

5 Adaptação e identidade, 71

O poder do "Man" (o impessoal), 71

Tornar-se si mesmo no "entre", 81

6 Novas experiências de identidade em transições de vida, 83

É possível mudar, 86

O que é uma crise?, 102

7 Sentimentos – Questionando nossa identidade, 107

Raiva, 109

Medo, 119

Alegria, 123

Gratidão, 130

Luto, 131

Crescer após um golpe do destino, 138

Inveja, 141

Vergonha, 144

8 A identidade sob a perspectiva da simbologia, 147

O olhar para o futuro, 149

Símbolos do desenvolvimento da identidade, 150

A árvore: o vir-a-ser humano entre o céu e a terra, 152

Raízes e asas: segurança e liberdade, 157

O caminho: o encontro da identidade como um processo de individuação, 158

A inclusão do inconsciente, 163

9 Formação da identidade como um processo de busca de objetivos, 165

Interesse e exploração, 166

Delimitação e integração, 169

O processo de individuação, 175

Individuação e o voltar-se para o inconsciente, 175

O trabalho com símbolos para a formação da identidade, 178

Sonhos como guias no processo de individuação, 182

Compensação: correção da autoimagem, 184

10 Estímulos para o encontro da identidade de dentro para fora, 189

Um conto de fadas que trata de uma transição na vida, 190

O estranho em mim, 195

Conclusão: narrar nossa vida, 199

Agradecimentos, 203

Referências, 205

Prefácio

Vivemos numa época em que muitos vivenciam a identidade como difusa, e a experiência de identidade – em conexão com a situação mundial – é questionada, precisando ser redescoberta ou até mesmo inventada de maneira mais consciente. O que é identidade hoje? A partir dessa experiência, ministrei uma palestra sobre o tema durante o congresso da Sociedade Internacional de Psicologia Profunda (IGT na sigla em alemão) em 2017. Essa palestra serve de base para o presente livro.

A identidade está em constante construção, e, uma vez que a questão da identidade permeia toda a vida humana, muitos aspectos e perspectivas possíveis poderiam ser descritos. Identidade não é um conceito de definição rígida. Aqui abordo, numa sequência mais frouxa, vários aspectos que me parecem importantes na experiência da identidade nos dias atuais. Não se trata de teorias elaboradas, mas de estímulos teoricamente fundamentados ao pensamento, para que nos ocupemos com nossos problemas com a identidade e lidemos com o sentimento por nós, o autossentimento – avaliado também como sentimento da autoestima –, em conexão com a eficácia própria, o sentimento de poder efetuar algo na vida.

1
A pergunta acerca
de mim mesmo

Quem sou eu? Quem já fui? Quem ainda serei? Quem eu gostaria de ter sido? Quem sou eu sozinho, quem sou eu com os outros? Estas são perguntas sobre a identidade própria, sobre nossa personalidade no vir-a-ser e em retrospectiva. A pergunta pelo meu próprio si-mesmo – em interação com outras pessoas – é uma pergunta fundamental e existencial: De onde venho? Como minhas raízes me determinaram? Quem sou eu agora? Para onde estou indo? Como estou mudando? E isso sempre pensado em interação com os outros, mas também pensado completamente para mim mesmo. Neste processo, tenho uma identidade – à qual posso me referir. No entanto, essa identidade está sempre em construção, é sempre revista de maneira diferente, mas também vivenciada de maneira diferente, e muda à medida que o novo é vivido e o velho é deixado para trás.

Essas perguntas sobre a identidade se tornam especialmente relevantes em nosso tempo. Acho que nosso mundo se tornou volátil e instável, e isso é um desafio. Quando o mundo se torna menos previsível do que sempre já foi, surge a pergunta por um ponto de orientação, algo em que se pode confiar, algo em que se deve poder confiar, e isso é nossa própria identidade, um sentimento de um si-mesmo próprio na convivência com os outros; isso é a experiência de pertença juntamente com outras pessoas. Certamente, em todas as épocas, foi um desafio saber quem se é, de novo e constantemente – hoje me parece, em todo caso, especialmente desafiador.

Para operar com algumas palavras-chave: a economização coloca no centro o que é rentável. Aumento de eficiência, maximização, otimização são palavras-chave. A busca da própria identidade é rentável? Psicologicamente, com certeza – mas isso não pode ser determinado inicialmente em termos de dinheiro, mas sim em termos de bem-estar. No âmbito da economização, também não é tão importante encontrar a própria identidade, ou seja, a pergunta sobre quem sou eu, quem posso ser e quem quero ser; mas trata-se de otimização: Como posso me otimizar? Auto-otimização como protótipo do ser humano moderno? Relacionamentos humanos, se ainda são importantes, poderiam ser vistos sob o aspecto de um "benefício" calculável, e naturalmente também o desenvolvimento da identidade humana, caso ainda nos interessemos por ele – numa visão mais integral. Ligada à economização está a aceleração: Tudo deve ser rápido, se possível ainda mais rápido. Muitas coisas também podem ser feitas mais rapidamente – mas a busca pela identidade própria sempre requer tempo para a autocontemplação, a autodúvida, a autorreflexão, a mudança vivida e uma nova determinação.

Se todas as coisas no mundo estão interligadas e se influenciam mutuamente – esta ideia também é fascinante, porque a psique e os sistemas de relacionamento das pessoas também funcionam psicologicamente dessa maneira –, surge evidentemente a pergunta: Onde está um ponto calmo, onde estou fundamentado, onde estou situado? A que lugar pertenço verdadeiramente, a partir de onde participo nessa dinâmica? Surge novamente a pergunta sobre mim, sobre pátria, pátrias, sobre um pertencimento mais estreito. Na revolução digital, que parece já estar em pleno andamento, ainda não sabemos exatamente o que ela fará conosco, como mudará nossa vida, mas sabemos *que* essa mudança será decisiva. Basta pensar que "a rede" não esquece nada; isso significa que as pessoas não podem mais começar de novo. No entanto, a contínua possibilidade de recomeçar faz parte da autocompreensão do ser humano. Mesmo que alguém tenha feito algo errado, é possível começar de novo. É possível se reconciliar e esquecer o que passou. Começar de novo. Mas a rede não esquece nada – pelo menos é isso que nos dizem hoje. E se você confiou dados suficientes à rede, já pode perguntar à rede quem você é, pois a rede leva a sério a auto-otimização e a confirma para você! E ela também lhe diz quais são seus interesses. Algoritmos em vez de identidade? Ou identidade entendida como a soma de todos os algoritmos? Queremos nos entender assim? Precisamos encontrar uma postura em relação a esses desenvolvimentos, e essa postura poderia estar na inscrição "Conhece-te a ti mesmo" do Oráculo de Delfos no Templo de Apolo, uma exortação à percepção de si mesmo, também no sentimento, na autorreflexão. E isso seria um convite à consciência da identidade sempre novamente possível e necessária.

Mas, para além disso, o mundo parece ter saído dos trilhos: a verdade parece ser negociável, as *fake news* estão na ordem do dia. Instalou-se uma brutalização na maneira de lidarmos uns com os outros, resultando na perda da confiança, que é de importância fundamental como cimento social. E a mim me parece que a democracia está sendo deliberadamente colocada em risco, juntamente com a liberdade das pessoas. Lidar com a necessidade dos refugiados continua sendo um desafio; de repente, os estrangeiros e o desconhecido são vistos em sua maioria como uma ameaça ao que é próprio. Seria possível evidenciar mais nitidamente o que é o próprio, para que possamos, partindo de uma identidade mais segura, ser mais abertos ao que é estranho e aos estrangeiros, e assim nos tornarmos mais capazes de abordar os problemas de maneira mais construtiva? Desafios após desafios. E a isso se acrescenta o fato de que muitas estruturas de apoio –

como, por exemplo, o natural acolhimento na Igreja – desmoronaram para muita gente.

Em que podemos confiar?

O projeto da Modernidade era o projeto da liberdade: o ser humano deveria se libertar das amarras tradicionais, questionando-as criticamente: Devo realmente continuar pensando como meus antepassados, ou devo considerar o que foi recentemente descoberto? Essas ideias remontam a Immanuel Kant e sua exigência de usar seu próprio entendimento. Para isso, é necessário liberdade[1].

Esse projeto de liberdade gerou então a expressão de "responsabilidade própria pela autorrealização". Hoje, isso se tornou um fardo, de acordo com Alain Ehrenberg, um filósofo francês. Pois: A quais normas e regras devemos nos submeter quando elas estão sempre mudando? Ehrenberg vê na depressão "a patologia de um indivíduo responsável, que se libertou da lei dos pais e dos antigos sistemas de obediência e conformidade"[2]. Justamente a depressão mostra, segundo Ehrenberg, que o reverso da multiplicidade de possibilidades é a paralisação. Num mundo em que, em princípio, tudo parece ser possível, de repente nada mais é possível.

A questão é: Em que podemos confiar neste mundo, no que queremos confiar, em que temos confiança, onde estão

---

1. KANT, I. Was ist Aufklärung? (1784). In: *Utopie kreativ*, 159, jan., 2004, p. 5.

2. EHRENBERG, A. *Das erschöpfte Selbst. Depression und Gesellschaft in der Gegenwart*. Frankfurt am Main: Suhrkamp, 2004, (²2008).

nossos "lugares seguros"? Se listarmos tudo o que nos parece difícil no mundo de hoje, ficaremos atônitos, quase paranoicos. No entanto, não devemos esquecer: muitos de nós vivemos perfeitamente bem com todos esses desafios, temos relacionamentos sólidos, temos um lugar na vida a partir do qual lidamos mais ou menos abertamente com todos esses desafios e ainda assim aproveitamos a vida e nos desenvolvemos. Se nos esquecemos disso, rapidamente nos vemos na posição de vítimas, vítimas das circunstâncias em que vivemos. Por certo, "ser uma vítima" é também uma identidade, mas dificilmente uma que valorizamos.

Contar com relacionamentos confiáveis

O desenvolvimento seguro da identidade, que não paralisa – ou o faz apenas temporariamente –, é visto, da perspectiva da psicologia profunda, como condição e base para relacionamentos confiáveis. E num mundo percebido como inseguro precisamos de relacionamentos nos quais podemos confiar. Isso se aplica fundamentalmente a situações que causam medo. Até mesmo num medo cotidiano, quando nos sentimos impotentes e desagradavelmente agitados, procuramos outra pessoa ou outras pessoas que estejam menos impotentes nessa situação. Mesmo que apenas pensemos em alguém a quem podemos recorrer, nós vamos nos sentir tranquilizados, especialmente se outra pessoa nos encorajar a falar sobre o que é ameaçador, mostrar empatia e transmitir a certeza de que há definitivamente uma maneira de vencer ou suportar isso.

Relacionamentos confiáveis, unir-se a outras pessoas que pensam e sentem de maneira semelhante, confiar que daí podem surgir ideias – ideias criativas que ainda não enxergamos – são oportunidades importantes em tempos em que nossa própria vida ou a vida de muitas pessoas é incerta ou ameaça se tornar incerta. E é assim que também fazemos: estamos em diferentes grupos e nos sentimos bem quando confiamos uns nos outros, quando sabemos que – evidentemente dentro de limites – defenderíamos uns aos outros.

2
O que pode ser entendido por identidade?

Quando dizemos que uma pessoa tem uma identidade suficientemente segura, estamos nos referindo a uma personalidade firme e em desenvolvimento. Firme: mesmo quando tempos difíceis chegam, quando a vida está difícil, quando a pessoa se deixa afetar por isso, quando fica em desequilíbrio por um momento, mas também recupera o equilíbrio, confia novamente que pode ser autoeficaz, sente autoconfiança, desenvolve novamente um sentimento de autoestima suficientemente bom – e tudo isso em relação a outras pessoas. Isso já é francamente uma expressão de que essa pessoa aceitou as repetidas exigências impostas ao desenvolvimento da identidade. Fazer parte dessa personalidade em formação inclui – e isso também é um aspecto dos relacionamentos – a questão da pertença, do estar sempre em contextos sociais. Alguns deles são a base de nossa identidade: De onde venho? O que me moldou desde minha origem? Mas também: Onde me situo agora, o que é lar, o que é pátria para mim hoje? E isso leva sempre a perguntar: E o que eu deixo para trás? Encontrar a personalidade própria – encontrar nossa identidade e talvez também inventar nossa identidade – é um trabalho que nunca acaba. Corpo e psique mudam, relacionamentos mudam, o mundo muda. Isso pode acontecer lenta e continuamente; ou de maneira abrupta, com investidas do destino. Nós mudamos, nos transformamos – e, no entanto, permanecemos os mesmos.

Continuidade e coerência

A identidade pode ser entendida sob a perspectiva da continuidade: nós mudamos, nos desenvolvemos – o desenvolvimento da identidade também significa estarmos cada vez mais em harmonia com nossas possibilidades e limites em relação a outras pessoas e ao mundo, e ainda assim permanecermos os mesmos. Todas essas mudanças nos afetam – e podemos narrar nossa vida, nossa autobiografia, como evidência de nossa identidade com base em experiências importantes narradas em continuidade, dando a impressão de que uma coisa se originou da outra. E essa experiência de continuidade é de grande importância para a autovivência, mas também para o sermos-vistos de fora. Vivenciar-se como um indivíduo que se experimenta como uma unidade formada, psiquicamente pouco perturbável por influências internas e externas, e nisto um indivíduo único – e ainda assim um ser humano como todos os outros. Isso também significa que percebemos como pertencentes a nós os opostos em nossa psique, as distinções, os diferentes sistemas de valores, por exemplo; e isso às vezes no sentido de uma síntese, às vezes no sentido de divergências. Isso também nos constitui, nos dá a convicção de também termos uma identidade coerente. Por isso, alguém pode considerar a liberdade um grande valor e, entretanto, querer controlar tudo. Ambos os aspectos são verdadeiros e fazem parte dessa personalidade. Podemos permitir a coexistência de diferentes aspectos de nossa personalidade que se contradizem.

Somos únicos: todos nós temos nosso próprio destino, nosso corpo especial, nossa origem, vivemos em contextos específicos – como todas as outras pessoas. Se esquecemos que também somos peculiares, nós nos entendemos como um ser coletivo. Se esquecemos, por outro lado, que somos como todas as outras pessoas, que temos um destino comparável, desejos, preocupações, sonhos comparáveis, então nos tornamos híbridos. Mas em minha singularidade eu me diferencio do outro: sou diferente do outro homem ou da outra mulher. E também posso ser assim. Os outros também podem ser diferentes de mim ou do que penso: a diversidade das identidades é inerente, a multiplicidade dos projetos de vida é sua consequência e enriquece a vida.

O dilema

A Enciclopédia *Brockhaus* define identidade como

> a experiência de um indivíduo de ser uma unidade singular, em larga medida psiquicamente estável e independente de mudanças internas ou externas. A consciência da própria identidade inclui, portanto, vivenciar-se como indivíduo e, nisso, como uma pessoa diferente das outras, e também trazer a uma síntese as oposições e diferenças dentro da pessoa própria[3].

O conceito de identidade tem sido questionado nas ciências sociais já há algum tempo. Sociólogos questionam se é possível falar de identidade numa sociedade pós-tradicional e, se sim, como ela deveria ser nomeada. O discurso sobre identidade de Heiner Keupp[4] deve ser visto em conexão com o diagnóstico sociológico do presente de Ulrich Beck na década de 1980[5]: o sujeito se liberta de papéis tradicionais preestabelecidos, de uma biografia preestabelecida, como era comum numa família, ou como era comum para uma mulher ou um homem. Os sistemas religiosos fornecem um quadro de orientação para apenas uns poucos, e por isso o ser humano deve decidir ser um indivíduo, projetar sua identi-

---

3. *Brockhaus-Enzyklopädie. In vierundzwanzig Bänden.* Vol. 10: *Herr – Is. 19.* Edição totalmente revista. Mannheim: Brockhaus, 1989, p. 373.

4. KEUPP, H. *Riskante Chancen. Das Subjekt zwischen Psychokultur und Selbstorganisation.* Heidelberg: Asanger, 1988.

5. BECK, U. *Risikogesellschaft. Auf dem Weg in eine andere Moderne.* Frankfurt am Main: Suhrkamp, 1986.

dade por si mesmo, incessantemente. Keupp introduziu o conceito de "identidade de retalhos", um termo que se estabeleceu. Os padrões clássicos dos retalhos, formas geométricas que se repetem uniformemente, correspondem ao conceito clássico de identidade. A *"crazy quilt"* [colcha de retalhos maluca] consiste em conexões arbitrárias de cores e formas, e a criatividade pode se expressar na produção de tal "tapete de retalhos" (Keupp).

O trabalho sobre a identidade, a formação da identidade hoje, segundo Keupp, tem muito a ver com a produção de uma *"crazy quilt"*. Portanto, não se trata de perder a identidade em si; o que se perde é, antes, aquela forma de identidade que era previsível e ordenada, como a colcha clássica. Não há perda do centro, segundo Keupp, nenhuma dissolução da identidade, mas um ganho em criativas possibilidades de *design*. Até mesmo uma *"crazy quilt"* tem coerência interna como resultado de um processo criativo. Hoje, a multiplicidade de papéis que a pessoa moderna precisa viver, a adaptação a mudanças rápidas, no trabalho ou nos relacionamentos, por exemplo, não são consideradas prejudiciais à saúde, mas sim promotoras de saúde. Peggy Thoits[6] descobriu em várias pesquisas que os múltiplos engajamentos em papéis estimulam os recursos de uma pessoa e que isso aumenta tanto a autoestima quanto o sentimento de segurança existencial. É verdade, a identidade flexível exige adaptação contínua a

---

6. THOITS, P. Multiple identities and psychological wellbeing. In: *American Sociological Review*, 51, 1986, p. 259-272.

novas situações de vida e demandas – e isso sem mapas. No entanto, ela não pede uma pessoa sem centro e sem coerência, mas sim a pessoa que trabalha em sua identidade e que, apesar de múltiplos papéis, de múltiplas reivindicações, até mesmo contraditórias, apesar de uma rede de relacionamentos que muda rapidamente, pode estar sempre produzindo um sentimento de identidade e também comunicando essa identidade.

Eu sou como sou visto, ou: Eu sou visto, logo existo – Um conceito moderno

Essa visão de identidade não tem a ver com um núcleo; ou, se tem, ele não é importante: antes, o que importa é ser visto, é ser bem apresentável. Essa é a virada para o corpo belo e em boa forma, que também precisa ser visto, que precisa ser exibido. Talvez um motivo para os muitos *selfies* que as pessoas enviam umas para as outras? Parece que estamos constantemente querendo nos assegurar de nossa própria existência, mas também nos mostrar continuamente em muitos contextos de vida. O fato de que essas fotos podem ser usadas, manipuladas não é levado em conta, ou não importa: assim, um aspecto da identidade própria é vendido, mas também refletido de volta: da forma como os outros me veem, assim eu sou. E onde está o núcleo?

Como eu me enceno em determinado contexto social? Possivelmente, isso é uma consequência da sociedade midiática: por um lado, os meios de comunicação nos fornecem muitos modelos de como podemos nos apresentar; por outro lado, eles nos forçam a nos encenar – e podemos também nos tornar visíveis. Então, somos uma "marca" – e, assim, também estamos na tendência da economização. É claro, muitas coisas sobre nossa essência e até mesmo parcialmente sobre nossa história de vida podem ser vistas no corpo, especialmente hoje, quando olhamos as tatuagens: coisas que antes eram, no máximo, registradas apenas em diários, como experiências amorosas importantes, pessoas por quem éramos apaixonados, são hoje carregadas na pele – legíveis para todos que desejem ler. Se "Eu sou como sou visto" – com a exigência do ser bem apresentável – realmente fosse o tema principal da determinação da identidade atual, então seria difícil lidar com o envelhecimento; teríamos de permanecer jovens e bonitos ou definir a beleza de maneira que houvesse uma beleza da velhice. Mas, encarada dessa maneira exclusiva, essa visão de identidade carece de vida interior, de interioridade, de autenticidade. Estaríamos totalmente entregues ao espírito do tempo com sua definição de "boa apresentabilidade". Em encenações de artistas, esse tema é abordado de maneira crítica e ludicamente desmascarado, como é o caso de Cindy Sherman. Com suas encenações, ela busca o "desmascaramento do excesso de maquiagem social das camisas de força identitárias para a assim chamada 'mulher'"[7]. A máscara social como obrigação dos papéis e também, portanto, como

---

7. SHERMAN, C.; DICKHOFF, W. *Sherman Cindy im Gespräch mit Wilfried Dickhoff*. Köln: Kiepenheuer & Witsch, 1995.

obrigação da *persona* é questionada por essa artista, que ao mesmo tempo demonstra, em novas encenações, que não é necessário se submeter a essa obrigação.

E ainda assim: um cerne

Nós, humanos, geralmente temos um sentimento por algo como o "cerne" de nossa personalidade – vivenciável em nosso mundo emocional e em nossa experiência de delimitação frente aos outros: eu e o outro.

Ao refletirmos sobre nossa vida, ela não nos parece arbitrária, nem meramente dependente apenas de como os outros nos veem no momento; ao contrário, vivenciamos diferentes aspectos de nossa biografia como interconectados: essas experiências me caracterizam como pessoa, me dá também o sentimento de ser uma pessoa idêntica a si mesma – apesar de todas as mudanças. Mesmo quando temos experiências na biografia que consideramos impróprias para nosso gosto, experiências que preferiríamos apagar, geralmente conseguimos ajustá-las à continuidade da biografia. Até mesmo rupturas na biografia, como um revés na carreira, são vivenciadas como pertencentes à biografia própria e são integradas como narrativas relevantes para a identidade. Não é raro ter a impressão de que, ao contar essas histórias, essas rupturas são cada vez mais processadas e se integram cada vez melhor. Claro, também podemos nos silenciar a respeito das rupturas. No entanto, até mesmo as rupturas silenciadas são apenas silenciadas para a autobiografia que a pessoa narra, mas não para a autobiografia que a pessoa vivencia como a sua própria.

Na narrativa autobiográfica, sentimos nossa essência mais íntima; ela é como um "cerne da história" a nosso respeito. E esse cerne começa com as raízes, a origem. Essas primeiras raízes não são arbitrárias, são fatos a serem aceitos: nascemos numa família que morava num lugar específico. Isso pode ser um enraizamento tradicional – onde os avós já moravam no mesmo lugar – ou pode ser um enraizamento mais dinâmico: ter sido desenraizado repetidamente, e sempre se enraizado novamente. Algumas pessoas têm uma pátria, mas a maioria tem muitas pátrias, e uma delas é mais frequentemente vivenciada como "a" pátria. Ainda vou voltar a falar disso. O cerne também inclui aquilo que acredito ter "herdado" pela genética, como um temperamento, a disposição emocional, características físicas ou fantasias.

Quem é você?

Quando você se apresenta a alguém, se comunica a alguém, pode fazê-lo de maneiras muito diferentes. Você pode lhe passar os dados que constam em seu passaporte – ou em sua carteira de identidade. Pode dizer de onde vem, onde mora agora, possivelmente em conexão com sua identidade cultural. Você pode se apresentar com sua atividade profissional, estado civil, posição social, mas também falando de seus interesses – talvez conte um resumo de sua trajetória de vida. Você pensará em outras pessoas – ou às vezes até mesmo dirá seus nomes – ao fazer essas diversas declarações possíveis sobre a identidade. Não somos simplesmente indivíduos, sempre estamos em relação com o mundo como tal, com a natureza e, é claro, com as pessoas de nossas relações.

Quando nos perguntam quem somos, estão indagando sobre nossa vida (própria) única, sobre o que consideramos um aspecto importante da biografia. No entanto, isso também nos faz perceber que somos diferentes dos outros. Isso fica especialmente claro num grupo onde todos os demais pertencem a uma profissão diferente, a uma nacionalidade diferente, ao outro gênero. Essas são experiências de identidade em que somos confrontados conosco mesmos. Isso também se aplica, é claro, àquele lugar onde deveríamos ser iguais, mas ainda assim diferentes, na família.

Uma mulher na meia-idade narra: "Eu tinha talvez mais ou menos 18 anos – e eu estava andando de moto. Isso era algo que não se fazia na minha família. Eu me senti totalmente livre, completamente em mim mesma – e diferente de todos os outros".

Identidade e mudança

Podemos vivenciar algo como um cerne de nossa identidade e, ao mesmo tempo, constatar mudanças em nossa identidade. A mudança é uma consequência de vivermos no tempo e de nos desenvolvermos até a morte. Quando falamos de identidade, muitas vezes nos referimos ao que é constante na mudança, ou a mudanças que também têm uma relação com o constante. Isso é expresso também num conhecido poema de Hilde Domin:

Paisagem em movimento
É preciso saber partir
E, contudo, ser como uma árvore:
como se a raiz permanecesse no solo,
e a paisagem se deslocasse e nós ficássemos firmes.
É preciso prender a respiração,
até que o vento diminua
e o ar estranho comece a circular ao nosso redor,
até que o jogo de luz e sombra,
de verde e azul,
revele os antigos padrões
e estejamos em casa,
onde quer que seja,
e possamos nos sentar e nos recostar,
como se fosse junto ao túmulo
de nossa mãe[8].

No movimento da paisagem, a vida passa diante dos olhos internos. É preciso saber partir, é preciso ser capaz de se transformar e ainda assim ser como uma árvore, como se a raiz permanecesse no solo, enquanto a paisagem passa e nós permanecemos firmes. Então, a pergunta. Estamos realmente firmes ou estamos em movimento, mas ainda assim com o sentimento de que estamos no mesmo lugar? Parar: "prender a respiração, até que o vento diminua", "o ar estranho comece a circular ao nosso redor" – o estranho. O que muda chega

---

8. DOMIN, H. *Gesammelte Gedichte*. Frankfurt am Main: S. Fischer, 2013.

até nós como estranho, como algo estranho em nossa psique ou como o encontro com pessoas estranhas, até que "o ar estranho comece a circular ao nosso redor" e então "até que o jogo de luz e sombra, de verde e azul, revele os antigos padrões". Até que o desconhecido se torne familiar novamente. Quando tornamos o estranho novamente familiar, então estamos em casa de novo.

Essas são imagens condizentes com o tema "identidade e mudança" e com a maneira como tal mudança pode acontecer, de sorte que sempre também poderemos confiar na constância, e que novamente poderemos estar em casa em nós mesmos.

3

Busca de pistas acerca da identidade: O que já foi entendido como identidade?

Cada época tem sua própria concepção e compreensão específica de identidade[9]. A peça *O grande teatro do mundo*, de Calderón, foi encenada pela primeira vez por volta de 1640. E esse *teatro mundial* nos diz algo sobre a compreensão da identidade naquela época e como se devia viver essa identidade de maneira a tornar a vida "agradável a Deus".

Identidade sempre foi um tema na história das ideias; poderíamos também estudar a identidade nos gregos e romanos. Identidade – a pergunta sobre mim mesmo como ser humano e com isso, em última análise, sobre a natureza do

---

9. Cf. DE LEVITA, D.J. *Der Begriff der Identität*. Giessen: Psychosozial-Verlag, 2002.

ser humano, mas também sobre as tarefas que temos como seres humanos sempre nos ocupou e, provavelmente, sempre nos ocupará. Em seu *teatro do mundo*, Calderón descreveu uma identidade, a chamada identidade substancial, que ainda tem certo impacto em nosso pensamento moderno. Segundo Calderón, Deus estabelece a identidade. A cada um Ele atribuiu um papel, entendido como um presente. Havia aquele que era o agricultor, outro que era o rei. Outro ainda era rico. E quando a pessoa morre – "é chamada de volta", como é dito –, a pergunta é: Ela desempenhou o papel? E se desempenhou; por exemplo, se o agricultor realmente foi um agricultor, então ela vai para o paraíso. Vão para o paraíso todos os que desempenharam o papel, exceto o rico e a criança. Na visão de Calderón, o rico não consegue. No Antigo Testamento, a riqueza nem sempre era vista como um defeito. No Antigo Testamento, a riqueza era um sinal da bênção pelo fato de que se foi obediente a Deus[10]. Mas, para Calderón, não é assim: os ricos não vão para o céu. Um pensamento com o intuito de reduzir a inveja?

No entanto, parece estranho que a criança também não vá para o céu porque não teve tempo para desenvolver uma identidade e realizar o plano de vida previsto. Segundo Calderón, as crianças e os ricos dormitam num lugar sombrio e triste, onde também se encontram as almas não batizadas.

Portanto, a recompensa ou o castigo dependiam do fato de a pessoa ter desempenhado a identidade atribuída. Res-

---

10. Cf. Gn 24,35.

quícios desse pensamento persistem até hoje: alguns pais têm ideias claras e expectativas sobre qual profissão em que gostariam de ver seus filhos. No entanto, hoje há, com frequência, um grito de indignação por parte dos jovens em prol da identidade. E mesmo quando escolhem uma profissão que os satisfaz, ocasionalmente os pais fazem comentários de que teria sido melhor se tivessem escolhido a profissão que tinham "selecionado" para eles – certamente não se trata mais de uma punição ou recompensa no sentido celestial, mas sim aprovação ou desaprovação na família terrena. O grito de identidade "Não, eu faço da minha vida o que quiser, tenho o direito!" ainda se deve à identidade profissional predefinida, ao cumprimento de um papel – e talvez também para muito além da identidade profissional. No entanto, não é apenas o tema da identidade predefinida; também se trata aqui da ideia de que a profissão pode determinar, sobretudo, a identidade, a ideia de que o indivíduo é uma unidade descritível, que se transforma pouco.

O contraponto à linearidade da identidade: Hermann Hesse (1877-1962)

Na realidade, porém, nenhum eu, nem mesmo o mais ingênuo, é uma unidade, mas um mundo extremamente múltiplo, um pequeno céu estrelado, um caos de formas, de degraus e estados, de heranças e possibilidades. A ilusão comum a todo ser humano (incluindo o mais elevado) de que cada indivíduo está empenhado em ver esse caos como uma unidade, falando de seu eu como um fenômeno simples, bem-formado e claramente definido, parece ser uma necessidade, uma exigência da vida, assim como respirar e comer[11].

Uma bela metáfora para a identidade: o eu não como uma unidade, mas como "um pequeno céu estrelado, um caos de formas e estados, de heranças e possibilidades". Estamos diante, portanto, de um pequeno milagre: diferentes estados de identidade simultaneamente – o que a pessoa trouxe consigo. E estados que, ainda assim, pertencem ao mesmo conjunto, como um céu estrelado, e talvez até formem uma unidade – abertos para muitas possibilidades. Identidade vista como coerência.

Jean-Jacques Rousseau (1712-1778)

Pouco mais de cem anos após a primeira apresentação do *Teatro do mundo*, Jean-Jacques Rousseau se opõe à ideia de identidade substancial. Uma vez que o espírito da época é inquieto – assim escreve ele em 1762 – não se pode estipular às crianças quais papéis elas devem assumir. Porque o que é dito hoje pode não ser importante para elas em vinte anos. Isso em 1762! Para Rousseau não é importante cumprir um papel, mas perguntar no que permanecemos iguais atravessando todas as mudanças. O indivíduo moderno é livre – é isso que Rousseau defende. Esse indivíduo permanece idêntico a

---

11. HESSE, H. *Der Steppenwolf*. In: *Gesammelte Werke*, vol. 7: *Kurgast. Die Nürnberger Reise. Der Steppenwolf*. Frankfurt am Main: Suhrkamp, 1970, p. 242.

si mesmo ao saber reagir perante circunstâncias cambiantes, mudanças e determinações, ou seja, ao ser o indivíduo ao qual constantemente se atribuem características de identidade, mas perante as quais ele sabe reagir como ser humano livre. Pode-se ter uma opinião sobre isso. Podemos testar se as atribuições se coadunam com nossas experiências próprias[12].

Trata-se aqui, portanto, de uma forma completamente diferente de encontrar a identidade, de uma descoberta de identidade baseada na liberdade, uma identidade que é constantemente redesenhada, certamente lembrada, mas também uma identidade que é vivida e pela qual se tem responsabilidade perante outras pessoas. Essa forma de descoberta da identidade está próxima do existencialismo francês.

O existencialismo francês e a pergunta pela identidade

O existencialismo francês, que surgiu na década de 1930, no início da Segunda Guerra Mundial, está associado aos nomes de Sartre, Camus e Simone de Beauvoir. Muitas obras importantes suas foram lançadas após a Segunda Guerra Mundial. O existencialismo francês tem suas raízes em Rousseau e Heidegger, principalmente em Rousseau com sua fenomenologia: Rousseau postulou que não deveríamos sempre dizer o que pensamos sobre as coisas, mas nomear o que vemos. Isso também tem uma conexão com a identidade. Muitas vezes, atribuímos às pessoas coisas que, na verdade,

---

12. ROUSSEAU, J.-J. *Emil oder Über die Erziehung* (1762). *In neuer dt. Fassung besorgt von Ludwig Schmidts*. 13. ed. Paderborn: Schöningh, 2001.

pertencem à nossa própria psique e que, entretanto, projetamos nos outros. Rousseau diria que, a rigor, eu deveria sacrificar o que não posso realmente constatar numa observação. Olhar com precisão – em textos, em situações, em pessoas. Rousseau não recebeu reconhecimento suficiente por suas ideias, que são, em parte, de grande fôlego.

Os existencialistas também recorrem a Heidegger, especialmente à sua afirmação central de que o ser humano é lançado na existência. E Sartre diz: Sim, o ser humano é lançado, ele deve definir sua essência e, além disso, fazê-lo repetidamente. Portanto, é preciso estar sempre definindo a identidade de novo. E o ser humano o consegue por meio da ação. Isso é um ponto importante. Nossa identidade tem muito a ver com o que fazemos ou deixamos de fazer.

O existencialismo francês é profundamente marcado pela guerra e, com isso, pela pergunta: Que mundo queremos criar com nossos atos, pelo que queremos nos engajar na vida? A palavra *"s'engager"* é um termo muito importante: se engajar, se envolver, agir, fazer algo, não simplesmente suportar tudo como uma vítima. E daí surgem frases como: Eu sou minha própria liberdade. Estamos novamente muito próximos de Rousseau, que também defendia a liberdade. E Sartre pode dizer frases como: Faça escolhas e assuma as consequências! Estamos sempre num ponto específico na vida, e a partir desse ponto escolhemos o que fazer, o que moldar. Ao fazer escolhas e agir de acordo com elas, também escolhemos quem queremos ser – e isso com vistas ao todo: as decisões devem ser tomadas como se valessem para toda a humanidade, mas o próprio indivíduo carrega a responsabilidade.

Aqui, o projeto da Modernidade se torna visível, essa libertária responsabilidade pela própria vida. E eu posso me engajar. Isso significa: não sou uma vítima. E não ser uma vítima também significa: eu não vejo o mundo como mau. Não vejo o mundo como algo que me ameaça e por causa do qual eu preciso me armar, me incrustar, por assim dizer, ou seja, me proteger de tal forma que eu não seja mais um ser humano vivo. Somos autênticos e livres e precisamos reinventar constantemente o caminho e, assim, a identidade própria. E o ser humano pode fazer isso. Isso é uma filosofia esperançosa. É surpreendente que, após a Segunda Guerra Mundial, o trauma da guerra não tenha ocupado o primeiro plano, pelo menos não para muitos daqueles que foram influenciados pelo existencialismo francês – como que por uma corrente de pensamento que buscava o novo, o diferente, com suas perguntas: Como a liberdade pode ser exercida de maneira construtiva? Em que tipo de mundo queremos viver? Como queremos nos engajar por ele? E isso também em face da bomba atômica de 1945, justamente em face dessa autoaniquilação: quando a autoaniquilação, a destruição está no ar, surge a pergunta sobre como queremos viver – e a firme resolução *de que* queremos viver.

O existencialismo francês foi um grande movimento filosófico que influenciou muitas pessoas. A existência humana foi entendida como transcendente: transcendência agora não com significado religioso, mas no sentido de que sempre podemos e devemos ir além de nós mesmos. E esse é um aspecto fundamental da identidade: em nosso desenvolvimento da identidade, sempre nos estendemos em busca de algo que, no momento, vai além de nós, e isso se manifesta na ação. No entanto, essa transcendência sempre também é uma conexão com o mundo interior. Mas a conexão com o interior não era importante para os existencialistas franceses. Eles obviamente não conseguiam imaginar que alguém, por peculiaridades psíquicas, não era capaz de agir. Da perspectiva da psicologia profunda, seria necessário argumentar: É bom sermos lembrados de que temos muita liberdade, que podemos configurar nossa vida por meio da ação, mas há pessoas que não conseguem fazer isso, ou há momentos na vida em que não podemos. Não podemos sempre querer. A esta frase "O que você quer, você pode", do existencialismo francês, a psicologia profunda opõe a experiência de que podemos ter problemas, complexos sobre os quais precisamos trabalhar para podermos ser livres novamente. No entanto, o incentivo à liberdade e à configuração da vida permanece importante.

E, claro, essa ação deve ser vista na moldura da realidade humana, pois os existencialistas não eram ingênuos; é claro, até mesmo para eles havia um destino. O destino só foi anulado nas décadas de 1970 e 1980, em associação com a ideia de que tudo é possível para o ser humano. No entanto, simplesmente existem certas coisas que nos são dadas e com as quais precisamos lidar, às quais podemos e devemos reagir.

Também são importantes no contexto da identidade os escritos de Simone de Beauvoir, especialmente *O segundo sexo*[13] – um livro inovador sobre a posição das mulheres na época, com a crítica central: as mulheres não ocupam uma posição no espaço, são simplesmente postas em qualquer lugar. E há também aqui o apelo para se empenhar pela existência própria e também assumir a responsabilidade por ela. É um tanto irônico que os livros bastante esmerados de Simone de Beauvoir tenham granjeado muito menos fama do que os de Jean-Paul Sartre.

Esta breve incursão na história ocidental da identidade começa com a identidade substancial, que também é uma identidade de papéis, seguida por um contramovimento de Rousseau, que já defendia a liberdade em relação à identidade de papéis. O existencialismo francês está estreitamente ligado à pergunta: Por qual futuro queremos nos engajar? Que futuro queremos ter? Não perguntamos simplesmente "O que ainda é possível para nós?" Mas indagamos num sentido mais libertário, mais autônomo: Como queremos moldar o futuro, quem queremos ser?

Atualmente, não estamos tão otimistas em relação ao futuro. Luciano Floridi, um filósofo inglês que se dedica à filosofia da Informação e à ética da informação[14], questiona como a infosfera influencia nossa vida e pondera: Estamos

---

13. DE BEAUVOIR, S. *Das andere Geschlecht. Sitte und Sexus der Frau.* Reinbek bei Hamburg: Rowohlt, 1951 (²1968).

14. FLORIDI, L.: *Die 4. Revolution. Wie die Infosphäre unser Leben verändert.* Berlim: Suhrkamp, 2015.

mudando a internet ou a internet está nos mudando? E esta é a pergunta acerca da vontade de configurar o futuro e acerca das possibilidades. O que nele é configurável? Isso também é uma postura contra esse temor um tanto paranoico de que estamos completamente entregues à internet, de tal modo que as pessoas se armariam para se defender, sentindo-se angustiadas, ameaçadas e desistindo da esperança de que elas também podem criar algo. Temos uma atitude em relação a essas novas circunstâncias avassaladoras? Temos uma postura em relação a isso? Esta realidade desafia nossa identidade?

4
A identidade surge no "entre"

A identidade se desenvolve em relacionamentos, entre mim e você, entre mim e o outro, entre mim como pessoa com minha biografia e o mundo exterior, o mundo dos outros, a natureza, a cultura, e o mundo interior, nossos sonhos, nossas fantasias, nossas histórias, que narramos e com as quais atestamos nossa identidade.

Do ponto de vista da psicologia do desenvolvimento, é provável que as fantasias dos futuros pais já influenciem o desenvolvimento intrauterino da criança. Depois do nascimento, trata-se do olhar amigável e amoroso: a criança traz algo consigo e é vista, observada – alegremente, amigavelmente, esperançosamente, talvez até indiferentemente, ou com rejeição. Se for um olhar amistoso, a criança tem o sentimento corporificado de ser admirável, digna de amor, o sentimento de vida de pertencimento, de estar em boas mãos, de poder confiar neste mundo e nas pessoas. Se não houver um olhar amigável e amoroso, a pessoa, na vida adulta, passará muito tempo buscando o olhar amoroso e de reconhecimento nos relacionamentos – e às vezes poderá encontrá-lo com frequência. Ser percebido, aceito, reconhecido e apreciado – deduzimos isso, entre outras coisas, do olhar amigável do outro.

A identidade é aprendida em relacionamentos. Sempre há o eu e o outro, eu e a outra. Isso é enfatizado por várias teorias do desenvolvimento, como a de Daniel Stern[15]. Stern não apenas formulou teorias sobre bebês, mas realmente os contemplou e os observou, e não apenas os bebês em si, mas junto com as mães. Dele procede uma teoria amplamente aceita de que desde o início devemos considerar a criança e a mãe, e a criança e o pai, como unidades que podem ser observadas em interações relacionais. Essas interações relacionais são então internalizadas pelos bebês e servem como modelo para relacionamentos futuros. Desde o início, estamos destinados a ter relacionamentos, e ao longo do desenvolvimento, a criança aprende a fazer distinção entre si mesma e o outro.

Emoções, regulação emocional e o olhar amigável

Como um bebê se torna um dia uma pessoa autoconfiante, alguém para quem um desenvolvimento de identidade razoavelmente seguro é possível? Aspectos importantes aqui – entre muitos outros – são a relação com as emoções, a regulação emocional e o olhar amigável.

---

15. STERN, D.N. *Die Lebenserfahrung des Säuglings*. Stuttgart: Klett-Cotta, 1992.

Nós, seres humanos, temos emoções. E temos emoções percebidas: os sentimentos. Todos temos esses sentimentos, que também nos dão orientação na vida. O neurocientista americano Jaak Panksepp[16] demonstrou sistemas emocionais básicos em animais, que, segundo ele acredita, também temos como base de nossa vitalidade. Nossas emoções e sentimentos estão entrelaçados de múltiplas maneiras, perfazem o concerto atual de nossa psique. Esses sistemas emocionais básicos são compartilhados por humanos e animais. Eles incluem medo, raiva/fúria, tristeza, alegria, interesse, cuidado, jogo. Experimentamos emoções fisicamente no enfrentamento do mundo, na confrontação com outras pessoas; se podemos nomeá-las, tornam-se sentimentos, e talvez então também possamos perceber e refletir sobre as imagens e ideias a elas associadas – como, por exemplo, aquelas de agressores, de proteção, de fuga. Portanto, não se trata mais simplesmente de "dor de barriga" quando temos medo; ao contrário, haverá, em algum momento, temores, medo, claramente perceptíveis, o que também gera a possibilidade de avaliar se a possibilidade de que o temido aconteça é realista ou não.

Essas emoções são muito importantes para a orientação na vida cotidiana. Hoje é comum perguntar o que ainda pode fornecer orientação em nosso mundo. Essa orientação são os sentimentos. É o que está biologicamente embutido em nós desde o início, na forma de emoções e sentimentos.

---

16. PANKSEPP, J.; BIVEN, L. *The archaeology of mind: Neuroevolutionary origins of human emotions*. Nova York: Norton, 2012.

Por exemplo, o medo nos diz: Cuidado, proteja-se! A alegria: Relaxe! Tudo está bem, abra-se para os outros, podemos fazer algo juntos. A raiva nos leva a lutar, a nos defender. Quando temos acesso às nossas emoções, aos nossos sentimentos, eles nos oferecem uma boa orientação sobre como podemos lidar com este mundo – onde tantas coisas são confusas.

Para mim, as emoções e os sentimentos associados a elas são a base da identidade. E podemos perceber essas emoções e nomeá-las se tivermos figuras de referência – mães, pais, irmãos etc. – que nos ajudaram a inicialmente perceber e regular nossas emoções. Pensemos num bebê chorando: O bebê em si não pode regular a emoção, mas as figuras de referência podem. Mães ou pais são considerados "bons" quando conseguem acalmar seu filho. A mãe, é claro, às vezes pode fazer isso também com o leite, o alimento. Mas uma figura de referência sensível também acalmará conversando suavemente com a criança, abraçando-a, acariciando-a. Sabemos que a ocitocina, o calmante hormônio de vínculo, é então liberada. Quando figuras de referência falam com crianças agitadas, elas o fazem de maneira calma. Quando falam com crianças entediadas, desinteressadas, podem subir o tom de voz. Assim, as emoções dos bebês são reguladas, de modo que a regulação emocional é aprendida pela criança – ao longo de sua criação. Quanto melhor conseguirmos regular as emoções e os sentimentos, menos eles nos assustarão, menos os suprimiremos. E teremos maior acesso ao concerto inteiro das possíveis emoções, e também estaremos orientados de maneira condizente com isso e suficientemente autoconfiantes.

Hoje está comprovado que o relacionamento terapêutico desempenha papel central no sucesso de uma psicoterapia. No relacionamento terapêutico, a pessoa é vista, recebe uma resposta, é ajudada a perceber e regular emoções, tudo isso acompanhado por um olhar amigável. As pessoas precisam de respostas para suas perguntas, que ocasionalmente elas próprias precisam antes conhecer; respostas para perguntas existenciais asseguram sua identidade.

A regulação emocional, a harmonização emocional no relacionamento e no olhar amigável para importantes figuras de referência são um fundamento essencial para um desenvolvimento de identidade suficientemente bom e, em conexão com isso, para um sentimento de autoestima suficientemente bom, que pode se manifestar numa autoconfiança saudável, mas também na convicção de que podemos efetuar algo na vida para nós e para os outros, de que somos autoeficaz. Justamente o olhar amigável, tanto o dos outros quanto o nosso em relação a nós e à nossa vida, promove um autossentimento bom: então temos a impressão de sermos vistos, de existirmos.

O início da identidade consciente: a mancha vermelha

Pinta-se uma mancha vermelha na testa de uma criança pequena que brinca diante de um espelho. Ela se interessa por essa criança que vê no espelho. Antes de atingir cerca de

15 a 18 meses de idade, ela olha interessada para ver o que a "outra" criança no espelho está fazendo, tenta fazer contato. E um dia – com o mesmo arranjo experimental – a criança não aponta mais para a "outra" criança no espelho, mas toca sua própria testa, na mancha vermelha. Isso é entendido como expressão do conhecimento: "Isso sou eu" – uma primeira experiência da identidade, e com isso também a distinção entre o eu e o outro. E aqui vemos também o início do desejo de autonomia. Nesse momento, a criança também está na fase de rebeldia, insistindo em seu eu: o primeiro passo da dependência rumo à autonomia.

Doris Bischof-Köhler[17] demonstra que, depois de se reconhecerem no espelho, as crianças conseguem também se colocar no lugar de outras pessoas. Há uma conexão entre o autorreconhecimento no espelho e o desenvolvimento da empatia. E um ponto importante a ser acrescentado: assim que podemos nos colocar no lugar do outro, também podemos ser cruéis e brutais – pois agora sabemos como o outro se sente. Frequentemente associamos empatia com um cuidado amoroso e auxiliador. No entanto, não é necessariamente assim: empatia apenas significa inicialmente que sou capaz de me colocar no lugar do outro, e como consequência, posso naturalmente oferecer ajuda quando vejo que o outro precisa de auxílio, mas não me é obrigatório. De resto, criancinhas também demonstram generosidade antes mesmo de se reco-

---

17. BISCHOF-KÖHLER, D. *Soziale Entwicklung in Kindheit und Jugend. Bindung, Empathie, Theory of Mind.* Stuttgart: Kohlhammer, 2011.

nhecerem no espelho, como quando, por exemplo, estendem para alguém o pãozinho que estão comendo.

Na minha opinião, a capacidade de se reconhecer no espelho pode ser compreendida como uma experiência precoce de identidade. Outros veem o "início" da identidade quando as crianças começam a contar pequenas histórias sobre si mesmas, peças de um quebra-cabeça autobiográfico, por volta dos 3 anos de idade. Elas já haviam usado palavras antes disso, mas agora começam a contar pequenas histórias autobiográficas sobre, por exemplo, o que acabaram de ver, sobre o que é importante para elas[18]. Isso significa que, ao narrar, as crianças são vistas em suas narrativas; sua identidade se torna visível.

A comparação: eu e os outros – os outros e eu

As crianças imitam, copiam muito umas às outras, se identificam com outras crianças, com irmãos – a criança de 2 anos faz exatamente o que a irmã de 4 anos faz – e, em seguida, esse comportamento desaparece. Mas certas peculiaridades de amigas ou irmãs são adotadas, a criança se identifica com elas. Isso se tornou um aspecto da identidade – mas também ela pode se desidentificar. Isso não se aplica apenas às crianças pequenas: quando algo está na moda no mundo, podemos imitar, nos identificar com isso e incorporá-lo à nossa identidade – e então há muita satisfação ou até mesmo

---

18. STERN, D.N. Das narrative Selbst. In: BUCHHEIM, P.; CIERPKA, M.; SEIFERT, T. (eds.). *Das Narrativ – aus dem Leben Erzähltes*. Berlim, Heidelberg, Nova York: Springer, 1998, p. 1-13.

uma experiência sensorial. Isso não se aplica apenas à interação com pessoas, mas também à relação com experiências que nos emocionam, com ideias que nos interessam. Quando nos identificamos com algo e o "absorvemos" em nossa identidade, é um momento no qual transformamos em algo próprio o que inicialmente nos foi trazido de fora– e, com isso, o transformamos um pouco, nós nos apropriamos dele num processo de confrontação, essencialmente num processo criativo. Não é apenas um "sermos contagiados", embora esse "sermos contagiados" anteceda o processo de apropriação, uma forma de integração.

A experiência de que podemos estar estreitamente relacionados aos outros, ser emocionalmente contagiados pelos outros, ser decisivamente instigados pelos outros, não pode nos enganar quanto ao fato de que o outro é diferente – e isso é sempre também um desafio, um estímulo para a comparação. Quando perguntamos sobre nossa identidade, estamos perguntando onde somos semelhantes aos outros, mas também onde somos diferentes, únicos.

Essa comparação pode ser trazida de fora – geralmente começa na infância: quem já pode ficar de pé, andar, falar – quem é mais alto, mais forte? Mas também nós mesmos fazemos comparações, primeiro com os irmãos ou bons amigos. Especialmente com os irmãos, percebemos que somos semelhantes em muitos aspectos, mas também diferentes.

Um exemplo de um olhar retrospectivo sobre a vida:

> Sou uma garota e estou saindo com minhas melhores amigas – estamos cantando, é divertido. Então me lembro que há uma criança em algum lugar do mundo passando fome. As amigas perguntam o que está acontecendo – eu tinha ficado quieta. Eu falo sobre as crianças famintas. As outras acham isso totalmente nada a ver. Digo a mim mesma: eu não combino com elas, sou mais séria, elas são superficiais. Tenho muita compaixão. Isso era uma questão de identidade: então, eu não passei muito tempo com esse grupo. De alguma forma, isso foi bom e ruim. Bom, porque eu tinha uma definição bastante clara de mim mesma, ruim porque, com essa autodefinição, eu me isolei e me tornei solitária.

A comparação gera problemas: se nos comparamos no sentido de perceber a diferença do outro, isso pode ser interessante, um indicativo de quais aspectos de nossa personalidade ainda podem ser desenvolvidos; ou isso pode trazer alívio pelo fato de que não precisamos incorporar em nosso próprio autoconceito "aquilo" que é distintivo no outro. No entanto, se a comparação ocorre para ver se o outro é melhor ou pior, tem mais ou menos, ela facilmente leva a uma inveja maliciosa – ou leva a uma estabilização do sentimento de autoestima ao notar que somos superiores ao outro.

Pesquisas sobre rivalidade[19] entre irmãos e, portanto, sobre temas como inveja, rivalidade e ciúmes[20], frequentemente apontam que em famílias onde impera um sentimento de segurança, as crianças têm a sensação de receber mais ou menos o que necessitam – embora sempre pudesse ser mais –, associado ao sentimento de vida de estarem "em ordem", mesmo que as coisas continuem dano errado de vez em quando. Mas as coisas podem ser consertadas novamente. Do ponto de vista do pensamento junguiano, diríamos que, nessas famílias, é possível vivenciar um campo materno[21] positivo, para o qual os homens, evidentemente, também contribuem; um campo associado ao sentimento de vida de "viva e deixe viver". Crianças nessas famílias podem dizer: "Somos semelhantes, mas também diferentes. Isso é um desafio e nos dá a oportunidade de crescer"[22]. Em semelhante sistema familiar há, por certo, muita competição, muita rivalidade, mas a partir dessa base a comparação provavelmente resultará numa rivalidade construtiva. "Se você pode fazer isso, eu também quero ser capaz" – isso se aplica especialmente aos irmãos mais novos,

---

19. BANK, S.P.; KAHN, M.D. *Geschwister-Bindung*. Paderborn: Junfermann, 1990, p. 89-94.

20. KAST, V. Über sich hinauswachsen. Neid und Eifersucht als Chancen für die persönliche Entwicklung. Ostfildern: Patmos, 1996, 2015, p. 118s. (Originalmente publicado sob o título *Neid und Eifersucht. Die Herausforderung durch unangenehme Gefühle.*)

21. Cf. KAST, V. *Vater-Töchter, Mutter-Söhne. Wege zur eigenen Identität aus Vater- und Mutterkomplexen*. 4. ed. Freiburg im Breisgau: Kreuz, 2012.

22. BANK, S.P.; KAHN, M.D. *Geschwister-Bindung*. Op. cit., p. 92.

que também querem ser capazes de fazer o que os mais velhos podem fazer.

Mas, fundamentalmente, há o sentimento vital de estar em ordem, de modo que a outra pessoa não precisa ser como eu mesmo sou; ao contrário, eu posso olhar curiosamente para o outro como ele é, como ele resolve um problema.

A questão sobre a justiça ainda está presente nessas famílias. Mesmo que recebam "o suficiente" nessas famílias, as crianças ainda discutem se todos receberam a mesma quantidade, se agora foi tudo realmente justo ou injusto. Essa disputa pela justiça é inerente ao ser humano. Não há justiça em si, de modo que é preciso se empenhar constantemente por justiça. O que temos é um senso de justiça. E rapidamente temos o sentimento de que algo é injusto. Estudos sobre o vínculo entre irmãos mostram que pais capazes de criar uma família com um campo materno mais positivo conseguem suportar muita disputa acerca do tema da justiça; eles também não hesitam em agir como árbitros, trazer clareza e pôr a criançada toda contra si.

Rivalidade e competição facilmente se transformam em inveja, mesquinhez e ódio quando se cresce num sistema familiar disfuncional. O lema de tal família poderia ser: "Somos diferentes em muitos aspectos. Não gostamos muito uns dos outros, mas precisamos uns dos outros"[23]. Nessas famílias não há o sentimento básico de ter o suficiente; sempre há muito pouco. Todos, incluindo os pais, têm a impressão

---

23. Ibid., p. 94.

de terem sido privados em muitos aspectos. Assim, há um grau muito maior de luta por recursos do que nas famílias funcionais.

Nessas famílias disfuncionais predominam a raiva e o medo, o que também provoca uma contaminação emocional. A luta pela justiça é intensa e vem acompanhada de decepção, resignação e ódio. Os pais geralmente se retiram dessa batalha ou se tornam muito agressivos, pois não sabem como se defender, uma vez que também são, eles próprios, carentes. E porque nunca se pode receber o bastante, a "posse" é provavelmente uma compensação: o que o outro tem e eu não tenho, mas que eu também merecia ter – e mesmo assim nunca receberei? A comparação agora não é: "Como você faz isso? Interessante, você faz isso de um modo diferente! Aqui posso me inspirar em você", mas sim: "Quem é melhor? E quem é pior? Quem se destaca mais?" E, claro, preferimos ser melhores do que piores, porque nesse caso só há vencedores e perdedores. E, na verdade, não queremos ser perdedores. Portanto, aqui não há uma boa rivalidade, mas sim competição, inveja, avareza, agressividade.

Esses estudos sobre a ligação entre irmãos chamam atenção para como é importante nos compararmos com os outros sob a perspectiva do "diferente" e não exclusivamente sob a perspectiva do "melhor" ou "pior". Claro, não podemos evitar completamente essa perspectiva numa sociedade que se concentra em quem é melhor, quem faz melhor. Mas ver o outro como diferente desperta interesse e, quando muito, uma rivalidade construtiva. Comparar-se com o outro faz parte da nossa identidade – no espelho do outro, ficamos atentos a nós mesmos.

Muitas pessoas se tornam bastante infelizes após comparações, em parte porque nem tudo é comparável – por exemplo, a pessoa pode ter a mesma idade da outra, mas não a mesma trajetória educacional. Outros tiveram um bom começo na vida, enquanto outros passaram por dificuldades. E, é evidente, sempre haverá alguém melhor neste mundo, sempre alguém mais rápido, mais bem-sucedido. Se olharmos para o mundo dessa maneira, teremos motivo para acreditar que sempre saímos e sempre sairemos perdendo. Como na inveja. No entanto, se pensarmos em alguém que nos chama a atenção e nos instiga à comparação e atentarmos em como ele é como pessoa, como se mostra, fala, parece, poderemos perceber que ele é "diferente" – e o que é "diferente" do habitual é interessante. O que nos interessa nos estimula. E então, não apenas a outra pessoa faz as coisas de modo diferente, mas eu também faço – e isso é importante. Não estou fazendo melhor ou pior, mas sim de maneira diferente, e isso abre o olhar para a identidade – não em termos de ganhar ou perder, não em relação ao autovalor, mas em relação ao "ser de tal maneira" como pessoa total. Se conseguirmos nos comparar com o outro vendo-o como diferente, o mundo se tornará estimulante, rico. No entanto, se permanecermos apenas nessa alternativa de "melhor ou pior", o mundo será satisfatório quando formos "melhores", e decepcionante quando formos "piores". Dessa maneira, o mundo se torna um lugar limitado. Por vezes, o diferente pode, ocasionalmente, nos incentivar a nos tornar melhores, mas a fascinação pela diferença é maior e menos perigosa.

Isso também se aplica à comparação na vertical: nos comparamos conosco ao longo da vida. E também há possibilidades de ser "diferente" e "melhor" nesse contexto. Muitas vezes, também por influência externa, percebemos que lidamos com situações problemáticas muito mais serenamente do que no passado. Podemos buscar na memória uma situação problemática e recordar como lidamos na época, como regulamos as emoções, quais estratégias aplicamos. E agora ficamos felizes pela maneira como hoje enfrentamos uma situação semelhante – ou seja, de um modo diferente. Melhor? Talvez. Mas com certeza diferente. No entanto, especialmente à medida que envelhecemos, também podemos nos ver sob a perspectiva do "pior". Não enxergamos tão bem como antes, não conseguimos andar tão rapidamente – antigamente, tudo era melhor, assim pensamos, o que obviamente não é verdade. A vida muda continuamente, e por isso tudo é sempre diferente e pode ser visto sob esse ponto de vista; e este é um ponto de vista mais amigável. Porque muitas coisas simplesmente pioram, mas outras também melhoram. A pergunta mais exata "Como era antes realmente?" (e podemos usar a imaginação para nos lembrar) nos ajuda a entender a nós mesmos em nossa sempre presente diferença e, no entanto, em nossa também sempre presente igualdade.

Fazemos isso a vida toda, nós nos comparamos, e a partir da comparação com os outros percebemos aspectos de nossa identidade. No espelho do outro, nós nos percebemos, criamos inconsciente ou conscientemente automodelos sobre como somos, mas também percebemos o anseio de como gostaríamos de ser.

Atribuições

Não apenas atribuímos a nós mesmos características das quais nos tornamos conscientes por meio da comparação, mas também recebemos atribuições de nosso ambiente, e atribuímos a outras pessoas características de identidade.

Uma criança não apenas é vista, mas também lhe são atribuídas características de identidade por muitas figuras de referência, como, por exemplo, pais, avós ou irmãos. Uma criança – talvez ainda muito pequena – pode ser descrita como uma criança "corajosa", enquanto outra é "tímida". Uma criança é considerada especialmente alerta e certamente terá sucesso no futuro, enquanto outra é sonhadora, e outra é um raio de sol... Nenhuma criança escapa dessas atribuições, que também estão sempre ligadas a uma expectativa em relação ao futuro. Essas atribuições, que começam na primeira infância, são internalizadas e podem reforçar algo existente ou enfatizar algo que mal existe, levando a um "falso si-mesmo"[24] se corresponderem aos desejos dos pais, mas não à

---

24. Cf. WINNICOTT, D.W. *Der Anfang ist unsere Heimat. Zur gesellschaftlichen Entwicklung des Individuums.* Stuttgart: Klett-Cotta, 1990, p. 73ss.

essência da criança. Como adultos, podemos nos voltar contra as atribuições que não se harmonizam conosco, mas uma criança pequena ainda não tem essa capacidade. Mas, com isso, outras possibilidades de vida que não correspondem a essas atribuições são jogadas para segundo plano.

Também é difícil quando uma criança deseja se comportar de acordo com essas atribuições. Todas as crianças querem agradar aos pais e se ajustam às atribuições. Se, por exemplo, uma criança introvertida deve corresponder ao comportamento atribuído a uma criança extrovertida porque os pais desejam uma criança extrovertida, ela terá a impressão de estar sempre "errada" e, apesar de todos os esforços, não poderá viver de acordo com que os outros esperam dela.

Essas atribuições – que às vezes são simplesmente *feedbacks* – nos acompanham durante toda a vida escolar, a adolescência, às vezes na forma de um breve grito, como, por exemplo: "Você é um cabeça-dura mesmo…"; às vezes numa avaliação mais longa de um professor: "A aluna fala antes de pensar…" E isso continua ao longo da vida: recebemos atribuições, fazemos atribuições, muitas vezes de maneira inconsciente. Há também momentos na vida em que ansiamos por receber tais atribuições. São momentos em que talvez outros saibam melhor quem somos do que nós mesmos. Experimentamos isso, com frequência, nas transições de vida, em que podemos redefinir uma parte de nossa identidade. Podemos então aceitar essas atribuições – ou podemos resistir a elas. Se não as adotamos simplesmente, elas ajudam na reflexão sobre a difusão da identidade atual. Portanto, podemos e devemos ter uma atitude frente a essas atribuições. Assim, a identidade está sempre em construção. Ela está em constante trabalho com as comparações, mas também está em trabalho contínuo com as atribuições.

Mais tarde na vida, as atribuições muitas vezes têm uma constituição dialógica, refletindo em si a dinâmica dos relacionamentos. As melhores atribuições são recebidas quando as pessoas estão fascinadas uma pela outra, quando estão apaixonadas. Nesses momentos, uma pessoa muitas vezes vê em outra possibilidades que realmente ainda não surtiram efeito por completo, mas que são intuídas. Isso não são apenas projeções idealizadoras: quando uma pessoa tem uma relação de fascínio e amor por outra, ela também enxerga lados ocultos dessa outra pessoa que talvez ela ainda não possa realizar. Quando estamos verdadeiramente apaixonados, podemos ver as melhores possibilidades em outra pessoa e também podemos nomear tais possibilidades. Como resultado disso, essa outra pessoa muitas vezes pode reagir a isso e realmente se transformar[25]. Na terapia com pessoas enlutadas, muitas vezes se fala dessa fase de paixão e das atribuições relacionadas a ela e que são relevantes para a identidade. Um exemplo:

> Um homem, por volta dos 50 anos, perdeu a esposa num acidente; ela também tinha quase a mesma idade. Ele não conseguia lidar bem com a perda e

---

25. Cf. KAST, V. *Paare. Wie Phantasien unsere Liebesbeziehungen prägen.* Stuttgart: Kreuz, 2015.

começou uma psicoterapia. Ele contou, entre outras coisas, que, antes de conhecer sua esposa, era um "jovem muito espinhoso". Ele costumava "provocar" todo mundo; ele ridicularizava o que os outros diziam. Sua ironia era temida. Isso também era evidente em sua aparência; ele tinha cabelos espetados. Então ele conheceu a mulher que seria sua futura esposa, que lhe dizia que ele era maravilhosamente corajoso e não precisava dessa agressividade espinhosa. Apenas pessoas com baixa autoestima são desse jeito, segundo ela. Ele lhe deu crédito e abandonou essa agressividade desagradável. O que permaneceu foi a coragem: muitas vezes ele abordava algo de que os outros apenas se esquivariam, precipitava-se em certas situações, mas não de maneira tão desagradável. E sua esposa admirava isso. No entanto, agora que ela morrera, ele sentia que estava voltando a ficar espinhoso como antes. Minha intervenção foi: "Sua esposa certamente não gostaria disso". E ele concordou, dizendo que não poderia fazer isso com ela.

Isso para mim é um exemplo de como esse homem, por meio de uma atribuição na fase do amor apaixonado, pôde mudar um comportamento que, claramente, era muito difícil para muitas pessoas. Ele ouvira diversas vezes que era espinhoso e agressivo, mas essa outra percepção de que ele era maravilhosamente corajoso era nova para ele e o agradara. Com seu amor, sua esposa realmente "extraíra" essa coragem nele, mas ele temia perder novamente essa parte, agora que ela não estava mais presente, como se ela fosse a guardiã dessa qualidade. No entanto, ele já percebia que, ao longo dos anos com a esposa, ele realmente havia mudado e estava orgulhoso desse traço de seu caráter. O que as pessoas nos atribuem e vivificam em nós durante um estado de paixão ou também de amor é muito precioso.

As atribuições que recebemos não são simplesmente apenas problemáticas; elas também podem ser úteis. E quanto melhor for o relacionamento, quanto melhor pudermos regular a proximidade e a distância, ou seja, não precisarmos simplesmente rejeitar uns aos outros, mais provavelmente receberemos atribuições que nos impulsionem, mesmo que inicialmente talvez possamos desprezá-las. No entanto, também há atribuições que nos provocam a sensação de que simplesmente não se harmonizam conosco. Essas atribuições também têm um efeito sobre nosso sentimento de autoestima: se somos elogiados e podemos aceitar o elogio, nós nos sentimos bem, isso sustenta nossa autoestima. E então também estamos mais dispostos a dar uma atribuição que eleve o sentimento de autoestima do outro. Atribuições que não nos convêm ou que são entendidas como inadequadas podem nos ofender e prejudicar temporariamente o sentimento de autoestima – e a reflexão ou a referência a boas atribuições podem restaurar seu equilíbrio normal.

Obviamente, não estamos limitados a olhar e refletir criticamente sobre as atribuições que recebemos de fora na vida atual. Nós também evidentemente contribuímos com algo de nossa história: frases da mãe, do pai, do professor, simplesmente frases de autoridades. E então também faz parte do desenvolvimento da identidade sempre formular a pergunta: "Eu realmente quero isso?" Ou: "Quem disse isso, afinal? Isso é apenas uma frase antiga que passou da hora de ser deixada para trás". Podemos viver por longo tempo com algumas frases, mas em algum momento simplesmente temos o sentimento de que elas não nos servem mais.

Discrepância entre o externo e o interno

Às vezes, há uma discrepância entre como as pessoas nos veem e como nós mesmos sentimos e pensamos. As pessoas ao redor podem, de fora, ver e discutir sobre algo que contradiz os sentimentos predominantes da pessoa em questão naquele momento. Portanto, essa pessoa pode manter a compostura e ser admirada por isso, mesmo que esteja tremendo internamente e esse tremor seja a realidade vivenciada.

Isso é expresso num poema de Dietrich Bonhoeffer. Bonhoeffer, nascido em 1906, opunha-se contra o nacional-socialismo, havia se pronunciado contra o ódio aos judeus e foi morto em 1945 no campo de concentração de Flossenbürg.

> Quem sou eu?
> Quem sou eu? Dizem, com frequência,
> que saio da minha cela
> sereno, alegre e firme
> como um senhor de terras do seu castelo.
> Quem sou eu? Dizem, com frequência,
> que falo com meus guardiões
> livre, amigável e claro,
> como se estivesse no comando.

Quem sou eu? Também dizem
que suporto os dias de infortúnio
indiferente, sorridente e altivo,
como alguém acostumado à vitória.
Sou realmente o que os outros dizem de mim?
Ou sou apenas o que eu mesmo sei de mim?
Inquieto, saudoso, doente, como um pássaro na
gaiola,
lutando pelo ar vital, como se alguém apertasse
minha garganta,
faminto por cores, por flores, por cantos de
pássaros,
sedento por palavras amáveis, por proximidade
humana,
tremendo de raiva diante da arbitrariedade e da
mais mesquinha ofensa,
agitado à espera de grandes coisas,
impotente, temendo pelos amigos a uma distância
sem fim,
cansado e vazio para orar, pensar, criar,
abatido e pronto para despedir-me de tudo?
Quem sou eu? Este ou aquele?
Sou hoje este e outro amanhã?
Sou ambos ao mesmo tempo? [...][26].

Neste trecho do poema "Quem sou eu?", do livro *Resistência e entrega*, a discrepância entre o exterior e o interior torna-se palpável. É compreensível que Bonhoeffer mante-

---

26. BONHOEFFER, D. Wer bin ich? In: *Widerstand und Ergebung. Briefe und Aufzeichnungen aus der Haft. Vollständige Ausgabe versehen mit Einleitung, Anmerkungen und Kommentaren. Dietrich Bonhoeffer Werke*, vol. 8. Gütersloh: Gütersloher Verlagshaus, 2011, p. 513.

nha a compostura firme diante dos guardas, o que é comentado externamente e também atribuído a ele, enquanto, no interior, ele se sente de maneira completamente diferente.

Essa pergunta também faz parte do questionamento acerca da identidade: Eu sou realmente o que os outros dizem de mim, ou sou apenas o que eu sei de mim mesmo? Claro que não sou apenas o que os outros dizem de mim, mas também não sou apenas o que eu sei de mim mesmo. Lembremos novamente da frase de Hermann Hesse: "Na realidade, porém, nenhum eu, nem mesmo o mais ingênuo, é uma unidade, mas um mundo extremamente múltiplo, um pequeno céu estrelado, um caos de formas, de degraus e estados, de heranças e possibilidades". Deveríamos acrescentar: "e contradições". Algumas pessoas dizem: que estão fazendo teatro quando, por exemplo, agem com calma apesar de grande medo interno. Elas dizem que estão apenas desempenhando um papel – o que também precisamos ser capazes de fazer; ou seja, ambas as coisas são verdadeiras: o medo, e a calma que puderam desenvolver. Isso é uma dádiva, uma habilidade que também possuímos. Coerência não significa que não temos contradição alguma dentro de nós, que não vivenciamos contradições a respeito de nossa identidade entre nós e as figuras de referência. Significa, antes, que lidamos com essas contradições e também podemos lidar com elas. Esta é uma das contínuas confrontações no desenvolvimento da identidade: a visão externa e a experiência interna podem se contradizer. E essa contradição faz parte da experiência atual da identidade.

O olhar do outro e a atribuição

As atribuições também podem ser difíceis e ter um grande impacto. O escritor suíço Max Frisch (1911-1991) escreveu em seu diário de 1946-1949: "Até certo ponto, realmente somos o ser que os outros veem em nós, amigos ou inimigos. E vice-versa! Nós também somos os autores dos outros; de uma maneira secreta e inescapável, somos responsáveis pela face que eles nos mostram, responsáveis não por suas aptidões, mas pelo pleno uso destas"[27]. No olhar do outro, realmente nos tornamos tal como somos vistos e, inversamente, também criamos os outros com nosso olhar. Nesse sentido, temos parte em quais aspectos as pessoas podem desenvolver em si mesmas, mas também em quais aspectos elas nos mostram. Conhecemos o antigo ditado: "Como você grita na floresta, assim ecoará..." Pois as pessoas se identificam com as atribuições. Estas nos ajudam a encontrar uma direção entre as diferentes possibilidades que podemos ser. Além disso, sentimos mais pertencimento aos outros quando atendemos às expectativas que têm de nós.

Essa grande influência das atribuições na identidade de outra pessoa parece ter um poder realmente sinistro. Isso nos desafia a refletir sobre o que estamos dispostos a ver nos outros e, inversamente, a nos questionarmos repetidamente, como receptores dessas atribuições, se elas estão em conformidade com nossa essência.

---

27. FRISCH, M. *Tagebuch 1946-1949*. Frankfurt am Main: Suhrkamp, 1950, p. 33.

Max Frisch escreveu a passagem acima em seu diário quase na mesma época em que estava trabalhando sobre sua peça teatral *Andorra*, na qual explana essa ideia de que somos os autores secretos dos outros.

Um professor de Andorra tem um relacionamento amoroso com uma mulher que pertence aos assim chamados "Pretos", um povo poderoso, vizinho dos andorranos e que mata judeus. Com essa mulher, ele tem um filho. O professor leva a criança consigo para Andorra para salvá-la e diz em Andorra que é uma criança judia que ele salvou da morte certa. O garoto, Andri, é agora considerado judeu em Andorra. E todos dizem: "Esse é um judeu".

Nessa peça de teatro, Frisch leva ao extremo a ideia que esboçou concisamente em seu diário: que as atribuições criam identidade. Ele faz Andri dizer:

> Desde que comecei a ouvir, disseram-me que sou diferente. E prestei atenção para ver se é como eles dizem. [Ele fala com o padre.] E é verdade, reverendo, eu sou diferente. Disseram-me como as pessoas da minha espécie se movem, assim e assado. E eu fui para a frente do espelho, quase toda noite. E eles têm razão, eu me movo assim e assado. Não posso fazer de outro jeito. E também prestei atenção para ver se é verdade que eu penso em dinheiro o tempo todo quando os andorranos estão me observando e pensam: Agora ele está pensando em dinheiro. E novamente eles estão certos. Eu penso o tempo todo em dinheiro. É verdade. E eu não tenho tutano. Eu tentei, mas foi em vão. Eu não

tenho tutano, só medo. E eles disseram que os da minha espécie são covardes. Também prestei atenção nisso. Muitos são covardes. Mas eu sei quando estou sendo covarde. Eu não queria admitir o que me diziam. Mas é verdade. Eles me chutaram com suas botas. E é como eles dizem. Eu não sinto como eles. E eu não tenho pátria. O reverendo disse é preciso aceitar isso. E eu aceitei. Agora, cabe a você, reverendo, aceitar o seu judeu.

Esta peça de teatro volta a adquirir uma atualidade perturbadora quando consideramos as atribuições que hoje damos a pessoas estranhas. Como Frisch chegou a abordar esse ponto de vista? Certamente, ele sempre se interessou por identidade em seus escritos. E então ele observou bem: Se você convence as pessoas por tempo suficiente de que são isso ou aquilo, elas também se identificarão com isso ou aquilo, especialmente quando as afirmações são feitas por autoridades. Talvez não sejamos mais tão crédulos em autoridades quanto as pessoas eram em 1945/1946. Talvez.

O que Frisch descreve em *Andorra* é assustador e direciona o olhar para a sociedade à qual sempre pertencemos. Não é apenas no âmbito da vida privada que nos atribuem peculiaridades, características identitárias, conceitos de nós mesmos, mas também recebemos essas atribuições no contexto social, às vezes como indivíduos, às vezes como grupos aos quais pertencemos. Isso se torna particularmente evidente e difícil quando "nós" e "os outros" são muito diferenciados. Da perspectiva da psicologia do desenvolvimento, constatamos: a identidade também surge da comparação com os outros. Neste ponto, somos iguais, mas aqui somos diferentes, e, no pior dos casos, alguém é melhor ou pior.

Esse tipo de comparação também ocorre no contexto social. Aqui, de repente, trata-se, de maneira muito simplificadora, apenas de identidade e diferença: uns pertencem, outros não, e geralmente há uma valoração implícita associada a isso: uns são melhores, outros são piores. Identidade e diferença em relação à origem, cor da pele, gênero, orientação sexual, poder de compra são seguidamente enfatizadas hoje em dia. Nessas discussões ocorre uma separação muito simplificada entre identidade e não identidade, entre identidade e diferença. Isso nega às pessoas sua polifonia, não se veem as muitas possibilidades, a abertura, a diversidade. O que é diferente é excluído. Trata-se de pertencimento ou não pertencimento. E a exclusão é rapidamente ligada ao uso da violência; aqueles que não pertencem devem desaparecer. Esse pensamento é perigoso: de repente, existem verdadeiros suíços, ou alemães, ou austríacos, e se há verdadeiros, então também deve haver "falsos". E, implicitamente, isso também implica a ideia de como deve ser um "verdadeiro suíço" ou uma "verdadeira suíça" – uma fatal atribuição de identidade. E então há, evidentemente, os suíços e os não suíços – uma determinação normal da identidade, a menos que estejam associados a ela julgamentos que geralmente não percebemos conscientemente.

Essas atribuições, especialmente quando associadas à exclusão e à ideologia, podem ter um grande impacto, até mesmo destrutivo, não apenas na vida de indivíduos, mas também na vida de grupos inteiros. Essas atribuições evidentemente vêm acompanhadas de preconceitos, racismo e, consequentemente, desvalorização e aviltamento.

Democracia

Os outros não são como eu, mas não são falsos, apenas diferentes. Se quisermos viver numa democracia – e esse sistema de governo concede ao indivíduo a maior liberdade e qualidade de vida, embora também imponha a maior responsabilidade – é crucial aceitar a diferença do outro. Pode ou não me agradar a forma como as pessoas vivem, pensam ou sentem, mas todos têm o direito de viver da maneira que escolherem. Podemos e devemos lidar com pessoas cujo pensamento nos pareça perigoso, mas não podemos proibi-las de pensar.

Novamente, o outro não faz algo melhor ou pior, apenas faz de maneira diferente. A pergunta é: Como é essa diferença? *Como* é que o outro faz? Essa pergunta é essencial no contato com outras culturas, pois cada uma tem convicções fundamentais e padrões de comportamento que lhe são próprios. No contato com uma cultura estrangeira, esses padrões se tornam conscientes, e nós mesmos nos tornamos diferentes – e talvez até questionados. Isso pode pôr nossa autoestima em xeque se não conseguirmos ver que o diferente é tão valioso quanto o que nos é próprio.

Isso também é de fundamental importância no encontro com o indivíduo estrangeiro. Não assumir uma postura do tipo: "Ele não pensa como eu, não sente como eu" (se é que podemos descobrir isso). Em vez disso, devemos nos perguntar: "*Como* ele faz isso? Como ele saúda, por exemplo? Como ela reage quando sente vergonha, e como reagimos nós?" E, da mesma forma, ao lidar com pessoas que pertencem a uma cultura diferente, levanta-se a pergunta: Como *nós* fazemos isso? Coisas que consideramos naturais, como nossa maneira de saudação, sobre a qual geralmente não pensamos, ficam evidentes quando nossa saudação não recebe resposta. A outra pessoa não é necessariamente rude; ela simplesmente segue outros usos e costumes.

Os seres humanos têm uma propensão natural à empatia: sentimos o que a outra pessoa está sentindo. Isso pode levar a mal-entendidos quando a pessoa vem de uma cultura diferente ou mesmo de nossa própria cultura, mas nos parece muito estranha. Aqui são aconselháveis curiosidade amigável e diálogo, o que possibilita uma melhor compreensão da postura do outro e, talvez, até mesmo a capacidade de adotar sua perspectiva. Por meio do diálogo, as identidades de ambos podem se transformar, mas ambos também sabem o que não estão dispostos a abandonar e também reconhecem o direito a isso no outro. Compreender o comportamento e agir em correspondência com isso são fatores cruciais.

O diálogo também revela quais valores o outro defende, o que é realmente importante para ele. No entanto, parece-me que muitas vezes nos concentramos exageradamente em valores mais abstratos que as outras pessoas possuem e esquecemos que a maioria delas quer ser um "ser humano decente". E se ela o é será sempre avaliado com base em valores fundamentais (essa pessoa é amigável, prestativa, atenciosa, honesta, não muito egoísta, atenta…?). No entanto, assim que fazemos uma divisão entre "nós e eles", associando identidade a "verdadeiro" e diferença a "falso", começamos a perceber tudo o que se passa ao nosso redor como falso, até mesmo maligno, como um ataque, e nos isolamos como consequência dessa percepção. Mas isso também significa que nossa própria identidade não está mais em processo de construção. Retiramo-nos para uma posição de isolamento. Comportamento social e desenvolvimento da identidade estão interconectados. Então ali está um que é um verdadeiro suíço, ali está o outro que semeia o ódio. Essas são identidades unívocas, restritas, que protegem as pessoas que assim pensam de caírem no nada, de perderem o pertencimento. Mas, apesar disso, são perigosas.

5
Adaptação e identidade

A pertença ao mesmo grupo dos outros, o sentimento de fazer parte, de ser e pensar como os outros, proporciona-nos a confiança de estarmos "certos", o que também se vincula a um bom sentimento de autoestima: se "todos" se comportam assim, então deve estar tudo em ordem. Precisamos da comunidade, não queremos ser excluídos dela. Seria construtivo se estivéssemos conectados de forma crítica e benevolente uns aos outros, sabendo que queremos ou precisamos criar algo juntos. A maneira mais fácil, contudo, é nos adaptarmos, nos deixarmos definir inconscientemente pelos outros. Isso pode levar ao ponto de constatarmos que estamos sob o risco de perder nossa singularidade.

O poder do "Man" (o impessoal)

É fácil nos adaptarmos ao que está na moda, ao que é "in". Frequentemente, não percebemos essa adaptação como uma demanda externa; simplesmente adotamos o que os outros consideram bom. Isso é uma forma de contágio ou de imitação inconsciente. Martin Heidegger, em sua obra *Ser e tempo*, refletiu extensivamente sobre esse fato[28]. Ele argumenta – e nesse meio-tempo muitos adotaram essas importantes reflexões – que, na vida cotidiana, os outros determinam como vivemos, pensamos e decidimos. Evidentemente, não é alguém específico – é claro, isso também acontece, por exemplo, quando uma figura de referência importante está sempre no controle sobre outra, mas essa seria a história pessoal, enquanto Heidegger se refere às experiências na sociedade em geral. Todo outro, sem um rosto específico, os outros como grupo, ao qual também pertencemos, pode determinar o que fazemos: é o "Impessoal", que detém grande poder determinante. Segundo Heidegger, este "Impessoal" desenvolve uma ditadura de maneira inconspícua. O que ele quer dizer com isso? Pensamos como "se deve" ou como "se pensa". Vestimo-nos como o "Impessoal" se veste atualmente. O "Impessoal" desfruta a vida justamente como o "Impessoal" desfruta a vida no atual momento. Falamos sobre problemas, sobre os quais o "Impessoal" está falando no momento. O "Impessoal" avalia problemas, até mesmo importantes, como o "Impessoal" faz mesmo. As leis da economização devem ser simplesmente aceitas pelo "Impessoal"… Todos nós sabemos: há debates em alta, sobre os quais o "Impessoal" está

---

28. HEIDEGGER, M. *Sein und Zeit*. Tübingen: Max Niemeyer, 1963, § 27.

justamente debatendo. O "Impessoal" sabe o que o "Impessoal" tem de sentir.

Esse "Impessoal" é algo sinistro. Não sabemos quem é o "Impessoal" e, no entanto, somos definitivamente influenciados por ele, muitas vezes de uma maneira que nos aliena de nós mesmos. O "Impessoal" – são os outros, são todos os outros, somos também nós. Este "Impessoal" não é apenas sinistro, é também prático: alivia-nos de muitas decisões. E é um enorme alívio para a vida. Como o "Impessoal" deve se comportar? Se soubermos como o "Impessoal" deve se comportar, muitas coisas não serão problema. No entanto, se de repente estivermos numa cultura diferente, em outro país, por exemplo, e não soubermos mais como o "Impessoal" deve se comportar, como as convenções culturais funcionam, então fica complicado. Nesse caso, precisamos buscar informações, perguntar, refletir sobre o comportamento válido para não pisarmos constantemente em falso. E aí percebemos o quanto é reconfortante saber simplesmente como o "Impessoal" faz, o que pensa, o que veste.

Tomamos consciência desse "Impessoal" quando não conhecemos as regras ou quando não queremos nos submeter ao que está na moda; então caímos fora, já não pertencemos ao mesmo grupo. Às vezes, não queremos pertencer, talvez não queiramos nos vestir como o "Impessoal" se veste. Talvez queiramos viver em tensão com o "Impessoal", para "sermos nós mesmos", usando o jargão; ou também porque determinado "Impessoal" não é apropriado ou agora não é mais apropriado para nós. Se nos colocamos numa distância crítica em relação a este "Impessoal", então percebemos seu poder.

Se ficamos conscientes da influência desse "Impessoal" em nossa vida e sentimos uma discrepância, saímos dessa obviedade e precisamos tomar uma decisão. Então surge a pergunta: O que é importante e certo para mim? E quanto conflito estou disposto a suportar?

Estar em harmonia com o "Impessoal" é uma forma de inconsciência. Muitas vezes, quando dizemos que é um valor nos tornarmos "mais conscientes", que buscamos mais conscientemente o acesso ao inconsciente para sermos também mais criativos, então pensamos no trabalho com sonhos, símbolos e fantasias. Podemos direcionar nossa atenção para nosso cotidiano: a concordância com o "Impessoal" é uma inconsciência na vida cotidiana que tem grande impacto. Não raro reagimos como o "Impessoal" reage, mas ainda assim estamos convencidos de nossa individualidade.

Heidegger frequentemente designava o "Impessoal" como o "si-mesmo impessoal", em oposição ao si-mesmo, que compreendemos como o núcleo e expressão de nossa própria personalidade. Ter um "si-mesmo impessoal" também significa viver numa aceita mediania de tudo. As decisões que tomamos, assim como a percepção do mundo, são niveladas. Tudo está um pouco pré-regulado, mas não realmente visto, nem realmente refletido. E o que sobressai e é desajeitado não se encaixa nesse "si-mesmo impessoal". Esse "si-mesmo impessoal" é perigoso como produto de hábitos, preconceitos e, ocasionalmente, de uma visão estreita. Quando falamos de estranhos de uma maneira ou de outra em determinados círculos, isso também é o "Impessoal". E muitas vezes não há uma reflexão sobre isso. Racismo, sexismo – estes podem ser, mas não necessariamente, aspectos do "Impessoal". A ideia de que se pode confiar nos bancos também é uma ideia do "Impessoal". O problema é: trata-se de convicções autoevidentes, para as quais ninguém assume a responsabilidade. O "Impessoal" determina muitas coisas, regula muitas coisas. Isso é agradável de um lado e problemático do outro: ninguém assume a responsabilidade, porque o "Impessoal" é todos e ninguém. E por isso é tão importante estarmos atentos a essas convicções predefinidas, que muitas vezes nem percebemos como tais e, com frequência, também não defendemos conscientemente.

O "Impessoal" também é de grande importância para a identidade: se o "Impessoal" vê a identidade de maneira tal que as pessoas não têm um cerne, mas são simplesmente como são vistas, hoje assim, amanhã de outro jeito, então isso é uma "convicção do Impessoal". Refletir sobre a identidade é, então, um voltar-se contra esse "Impessoal". No entanto, não se escapa do "Impessoal", ninguém escapa desse "Impessoal". A vida também seria muito difícil se sacrificássemos todo esse "Impessoal". Precisamos apenas sempre voltar a questioná-lo de tempos em tempos.

Quem se rebela contra o "Impessoal" pode muito bem se comprometer novamente com um "Impessoal" um pouco diferente, porque em certo grupo agora o "Impessoal" está se rebelando. Atualmente, muitas pessoas estão indignadas. O "Impessoal" está indignado. O "Impessoal" está indignado com os políticos. Isso não adianta nada; indignação não é suficiente. E sempre atribuir à política a culpa de tudo também não é a verdadeira solução. Desse modo, a confiança se erode – e disso não podemos nos dar ao luxo. Trata-se realmente de nós mesmos, de nossas ações. Mas é tão reconfortante quando o "Impessoal" pensa em conjunto que é agora a hora de novamente protestar em voz alta. Agrada-me aqui a exigência do existencialismo francês: "Precisamos nos engajar".

E engajar-se significa saber, agora e nesta situação específica, que, de fato, não podemos escapar do "Impessoal", mas podemos insistir que nosso "ser si-mesmo" é importante, que queremos viver nossa vida, não a vida que o "Impessoal" leva. Viver a vida própria leva à experiência de sentido, de significado. Tornamo-nos conscientes de nossa própria vida quando sentimos que vivemos em harmonia conosco mesmos, percebemos que estamos presentes em nossa própria vida.

Onde caímos no "Impessoal", não devemos nos deixar enganar pensando que isso representa o ápice de nossa individualidade. A solução é um questionamento coerente: As coisas que estou fazendo, pelas quais estou me esforçando, que estou pensando, que estou discutindo, realmente correspondem ao que é importante para mim neste momento? Estão de acordo com meus sentimentos, atendem aos meus desejos, convicções e anseios? Ou estou tentando desesperadamente pensar e agir como os outros, ou agir de maneira a não chamar a atenção, ou até mesmo agir para ser bem-visto pelos outros? Pertencer também está relacionado a aceitação. Pertencer, ser aceito, ser valorizado – isso é importante para qualquer um. Dessa maneira, nosso sentimento de autovalor é confirmado externamente. No entanto, sempre retorna a pergunta: A que grupo quero pertencer? Por quem quero ser aceito e valorizado? E realmente se trata de aceitação e valorização? Ou estamos apenas nos iludindo – pensamos e fazemos o mesmo que os outros, e esse fato facilmente proporciona o sentimento de que isso é "correto" e que os outros também assim acham. No entanto, quando estamos no "Impessoal", não há muito pensamento, e certamente não se trata de uma valorização profunda, nem aceitação, que se distinguiria justamente por vermos e aceitarmos um indivíduo em sua alteridade.

Esse "si-mesmo impessoal" é, por conseguinte, problemático, como também o são as ideias preconcebidas associadas a ele, porque nossa própria vida com nossas experiências existenciais e também, portanto, com a continuidade de nossa vida, ficam pelo caminho. Vive-se – numa formulação exagerada – não a própria vida, mas a vida dos outros, conformando-se à média dos outros.

Isso, de resto, pode ser um dos motivos pelos quais muitas pessoas sofrem de estados depressivos. Porque, na verdade, precisamos estar presentes em nossa própria vida. Na vida sempre se trata de: eu e o outro, meu mundo interior e o outro e o mundo exterior. E se nos adaptamos em demasia, então impulsos criativos que pessoalmente nos constituem não podem ser expressos, ousados e respondidos pelos outros.

Esse pensamento sobre o "Impessoal" também foi incorporado à sociologia. Eva Illouz, uma socióloga israelense, apontou em seu livro *Por que o amor dói* que hoje sabemos como devemos viver e também, sobretudo, como os relacionamentos devem ser, como o amor deve se apresentar[29]. Ela chama atenção para os códigos na sociedade sobre como encenar a paixão, não como nós próprios queremos encená-la, e relaciona esses códigos ao fato de que hoje há, em sua visão, certa decepção com a vida e o amor. Esses códigos podem ser encontrados na mídia ou na publicidade, como, por exemplo, a imagem de um casal elegante em Dubai no arranha-céu mais alto, segurando duas taças de champanhe. Propaganda de champanhe, Dubai ou qualquer outro lugar badalado – e, nessa combinação, isso é um código para um encontro romântico ou para o relacionamento romântico de pessoas modernas.

Este "Impessoal" também atende às nossas ideias e, assim, à convicção de que isso deveria ser assim. Illouz vê nessas "concepções do Impessoal", como eu as chamaria, a razão para uma decepção latente na vida hoje, para o sentimento predominante de que a vida não é tão boa quanto poderia ser, também na medida em que pensamos que não

---

29. Cf. ILLOUZ, E. *Warum Liebe weh tut. Eine soziologische Erklärung*. Berlim: Suhrkamp, 2011, p. 387ss.

há tanto romantismo em nossa vida, mas deveria haver mais, em comparação com a propaganda glamorosa. A pergunta seria: Como eu quero ter o relacionamento, como criar o romantismo que imagino – e como eu imagino o romantismo em geral? Sem concepções pré-fabricadas, apenas as nossas, que são muito acessíveis quando nos apaixonamos.

O "Impessoal" nos influencia muito – em muitos níveis. A consequência disso: sempre temos de retornar aos nossos sentimentos e nossas próprias imagens, mesmo que justamente de modo algum não se encaixem, mesmo que não enquadremos por causa delas. Sentimentos que não se encaixam são, no fundo, muito mais interessantes do que aqueles que se encaixam: eles nos levam aos nossos próprios desejos, imaginações, às nossas próprias ideias, eles nos aproximam de nós mesmos. Portanto, não aquelas imaginações colonizadas, aquelas ideias que recebemos importadas de todos os lugares agora, que também estão escritas em todos os lugares, que retratam um futuro em conformidade com o *mainstream*, mas sim simplesmente: De que *eu* gostaria, o que *eu* desejo?

A boa notícia nessa coisa toda é que, quanto mais velhos ficamos, melhor conseguimos isso. Quanto mais velhos ficamos, mais probabilidade temos de descobrir o que realmente ainda desejamos da vida. Mas, é claro, também podemos nos submeter ao ditame da economicização e querer envelhecer otimizados. E então, novamente, estaremos sujeitos a um "Impessoal". Na velhice, talvez seja mais evidente o conflito entre o que deveríamos fazer e o que é realmente importante para nós. Não temos mais tanto tempo para lidar com o que realmente nos anima. Não escapamos do "Impessoal" por completo. Mas talvez seja possível dizer com um sorriso, por exemplo: Pelo restante da vida, posso simplesmente escolher usar o que gosto, e não o que a moda previu para a mulher que está envelhecendo.

Essa confrontação com o "Impessoal" vai muito além: as imagens populares do envelhecimento são também um produto do "Impessoal". A rebelião contra essas imagens de envelhecimento é importante, pois significa que as pessoas idosas não querem e não podem mais se identificar com essas imagens. Aqui cabe um papel para a ciência: os estudos sobre o envelhecimento perguntam como as pessoas idosas vivem, quais são suas vivências e o que é importante para elas. Esta é uma tentativa de alterar o "Impessoal" neste contexto. No entanto, isso não é tão fácil. O velho "Impessoal" não se deixa mudar facilmente com fatos – isso exige certa tenacidade.

Essa sempre necessária confrontação entre o "Impessoal" e as próprias ideias é importante: o "Impessoal" tem tanta força porque afinal nós também somos como todas as outras pessoas. Isso é um aspecto da identidade, mas também somos especiais, com vontade própria, com peculiaridade – e esses dois lados juntos formam nossa identidade.

O "Impessoal" evidentemente também tem seu lado de sombra, cada "Impessoal" cria um "não impessoal", é, portanto, excludente. Quando temos de ser racionais, tudo que é irracional é excluído; e isso pode ser o emocional ou a ideia de querer ser solícito, ou pode ser o lado criativo, ou a cuidadosa elaboração de algo sob o ditame da velocidade – esse é o lado de sombra do "Impessoal"[30]. É importante lembrar também que a sombra do "Impessoal" é o que é excluído. Lidar com o excluído acarreta desenvolvimento, garante que o "Impessoal" não seja tão estático, mas também esteja em constante mudança – e é isso que acontece. A sombra do "Impessoal" pode ser encontrada, entre outras coisas, onde nos envergonhamos.

Tornar-se si mesmo no "entre"

A descoberta da pessoa própria sempre ocorre entre os indivíduos, num espaço de ressonância, nas atribuições que fazemos e vivenciamos, ou que às vezes também sofremos. Frequentemente, são atribuições antigas, assentadas sobre histórias que nos são contadas repetidamente na família, e com as quais nos identificamos ou contra as quais nos rebelamos. Quando resistimos a uma atribuição, ficamos irados: a raiva protege nossa identidade e nossa integridade. As atribuições precisam estar coerentes conosco, não devem prejudicar nossa autopreservação e autodesenvolvimento; se o fizerem, ficamos irados e defendemos a nós mesmos e às nossas necessidades (sobre o tema da raiva, consulte p. 109-119).

Esses movimentos entre o interior e o exterior são centrais para a questão da identidade. Eu, com meu corpo, minha irradiação, minha autoeficácia, sou visto e provoco

---

30. Para o tema "sombras", cf.: *A sombra em nós*. Petrópolis: Vozes, 2022.

respostas no exterior. Eu mesmo nos olhos dos outros – há ressonância, uma interação. "Os outros": eles são as pessoas significativas e também menos significativas para nós, mas também são livros, filmes, obras de arte: eu, em meu atual ser-assim, torno-me visível em certos aspectos pelo que os outros dizem, fazem, vivenciam e narram, sou desafiado a pensar sobre mim mesmo – no espelho dos outros, no espelho do "Impessoal". Trata-se de dar nome a semelhanças e diferenças, desenvolver-me, e isso sempre na tensão entre, de um lado, a ênfase do que me é próprio e a autonomia a ela associada e, de outro, o desejo de pertencer. Assim, às vezes nos perguntamos quem realmente somos quando ninguém está olhando. Na maioria das vezes, no entanto, já interiorizamos os olhos das outras pessoas importantes. E apenas em situações em que sentimos que algo desconhecido, estranho, importante entra em nossa vida – quase sempre vivenciado como proveniente de dentro –, esses olhos podem ser mantidos um pouco a distância.

6
Novas experiências de identidade em transições de vida

Nossa identidade e sua mudança ou adaptação também se tornam conscientes para nós nas transições de vida vivenciadas em nossa biografia. Narramos uns aos outros sobre essas estações de vida importantes para nós: Como foi quando trabalhamos pela primeira vez em nossa profissão, quando nos separamos de alguém, quando completamos 50 anos, quando perdemos alguém importante, quando nos mudamos para outro lugar e conhecemos novas pessoas? Algumas transições de vida são claramente lembradas: o tempo anterior, muitas vezes um período de oscilação entre decisões, o tempo da transição, às vezes vivido como crise, às vezes apenas como um período um pouco difícil, que se abre para o tempo seguinte, com novas possibilidades, também com um novo sentimento de vida, geralmente com novos desafios.

Teorias sobre o desenvolvimento da identidade são geralmente associadas à fase de desenvolvimento da puberdade e adolescência. Um pioneiro ainda muito citado nesse campo é Erik H. Erikson[31]. Este importante período de transição da infância para a idade adulta é, no contexto do desenvolvimento da identidade, exemplar em muitos aspectos para muitas transições que temos de enfrentar ao longo da vida. Algumas dessas transições de vida têm conexão com mudanças físicas, com maturação ou declínio físico, mas também com experiências de golpes do destino que afetam a integridade física, como acidentes ou doenças, com as quais precisamos lidar. Elas sempre afetam nosso corpo e, portanto, também nossa identidade corporal. No entanto, também temos transições de vida que são mais relacionadas a mudanças sociais, transições de vida vivenciadas como tragédias, porque precisamos deixar partir uma pessoa que consideramos profundamente ligada a nós, talvez até mesmo permitir que ela morra.

Uma transição de vida pode se manifestar depois que nos tornamos muito unilaterais, nos adaptamos demais a outra pessoa e nos tornamos como ela gostaria que fôssemos, ou até mesmo nos conformamos ao modo de ser esperado em determinada idade. Por exemplo, uma pessoa só trabalha, torna-se

---

31. Cf. ERIKSON, E.H. *Identität und Lebenszyklus. Drei Aufsätze*. Frankfurt am Main: Suhrkamp, 1971. Cf. tb. KAST, V. *Trotz allem Ich. Gefühle des Selbstwerts und der Identität*. Freiburg im Breisgau: Herder, 2003, p. 59ss.

muito eficiente – e esquece que além do trabalho existem outras áreas da vida que realmente tinham grande significado para ela. Nesse caso, apenas as relações de trabalho são importantes ou relações que podem ser úteis de alguma forma, mas não aquelas em que nos sentimos bem sem questionar utilidade. Ou então a mãe atarefada e dedicada ao trabalho esqueceu que adorava dançar, mas agora não tem mais tempo para isso, nem para muitas outras coisas. Essa unilateralidade da vida pode levar à depressão; e a atenção à depressão provoca uma transição de vida, uma transição para uma fase em que a vida se torna mais equilibrada novamente. Transições de vida, às vezes mais evidentes, às vezes tumultuadas, às vezes quase imperceptíveis, fazem parte da vida humana.

Que coisas são modelares na transição da puberdade e adolescência? Antigamente, acreditava-se que, com a adolescência, portanto por volta dos 20 anos, a pessoa encontrava sua identidade, a qual permaneceria relativamente inalterada até a morte. C.G. Jung, por outro lado, postulou um processo de individuação e, com isso, a ideia de que o ser humano se desenvolve do nascimento à morte; ele advertia que a falta de desenvolvimento era estagnação, a qual, em sua visão, estava associada a doença[32]. O objetivo da individuação é tornarmo-nos cada vez mais aquele ou aquela que está inerente em nós, mas que nunca fomos. Trata-se de um desenvolvimento criativo até a morte. Erikson também defendeu – e,

---

32. OC 7, § 266-295 [OC indica a Obra Completa de Carl Gustav Jung, o número seguinte indica o volume].

neste meio-tempo, ele foi certamente seguido por todos os psicólogos do desenvolvimento – que há um desenvolvimento ao longo de todas as fases da vida – até a morte. Ele descreveu essas etapas de desenvolvimento, e a pesquisa continua se debruçando sobre isso.

A puberdade e a adolescência são vistas como uma "segunda chance" – uma expressão do etnopsicanalista Mario Erdheim[33]. A primeira chance do ser humano é ter nascido; a segunda chance é poder mudar significativamente durante a puberdade e adolescência, afastar-se do que foi recebido dos pais e do ambiente, incluindo das incrustações resultantes de experiências ruins, em direção a um si-mesmo mais próprio. Nesse sentido, também podemos entender a menopausa, que também está associada a grandes mudanças, ou, de modo geral, a transição na meia-idade, por volta dos 50 anos, como uma terceira chance. Mas, com base nessa ideia, qualquer transição de vida significativa, especialmente se também estiver associada a mudanças físicas, pode ser considerada uma chance, uma oportunidade para uma nova atitude em relação à vida, caracterizada por reflexão e realinhamento.

É possível mudar

Essa convicção é importante: sempre podemos mudar algo novamente. De um lado, na puberdade e adolescência

---

33. ERDHEIM, M. Wie familiär ist der Psychoanalyse das Unbewusste? In: ROHDE-DACHSER, C. (ed.). *Zerstörter Spiegel. Psychoanalytische Zeitdiagnosen*. Göttingen: Vandenhoeck & Ruprecht, 1990, p. 29.

porque o corpo passa por mudanças significativas e, de outro lado, porque, psicologicamente falando, a autorreflexão e a autodúvida tornam-se possíveis de uma maneira nova, e isso é uma coisa que não perdemos mais. A neurociência nos mostra que, na puberdade e adolescência, o cérebro passa por mudanças massivas, alguns chegam a falar em um "canteiro de obras do cérebro"[34]. O cérebro se desenvolve por um tempo bastante longo, e assim, os estados cerebrais também mudam. E com isso surgem as capacidades cognitivas de autorreflexão e autodúvida – fato que os psicólogos, as psicólogas já conheciam havia muito tempo. O fato de podermos refletir sobre nós mesmos e nossas ações, vê-las de fora e estabelecer conexões, mas também de pormos a nós mesmos em questão, é, entre outras coisas, a razão pela qual a psicoterapia funciona. Ela é útil, claro, porque você é ouvido por outra pessoa benevolente, porque é visto, porque também é questionado, e isso está a serviço da autorreflexão e da dúvida. Claro, analistas e analisandos também refletem sobre o que está acontecendo na terapia, também porque aprendem a refletir mais conscientemente.

Num relacionamento em que há aceitação, podemos nos permitir a dúvida em nós mesmos. A autodúvida significa, entre outras coisas, pôr em questão identificações que fizemos até agora sem questionar. Um exemplo disso:

---

34. Cf. MEYER, M. Das Gehirn von Jugendlichen ist eine Baustelle. In: *Prisma* 4, 2012, p. 4-7.

Um homem de 46 anos está convencido de que é necessário trabalhar até cair para ser considerado uma "boa pessoa". Após o terceiro ataque cardíaco, ele começa a duvidar de si: questiona se essa sua convicção é realmente uma boa máxima. Ele investiga a origem dessa crença. Isso é apenas o pensamento de todo mundo. Pelo menos, era assim em sua família. Existem frases do pai, da mãe, da família, que nos influenciam inconscientemente e que inicialmente não questionamos. Como ele, de fato, trabalhou até cair, ele provou que, aos olhos de sua família, é uma "boa pessoa". Mas o que isso significa para ele pessoalmente ser uma "boa pessoa" e viver bem a vida? O que eu mesma quero dizer com isso?

Nas transições da vida, a autorreflexão e a autodúvida podem pôr em questão antigas identificações. Na puberdade e adolescência, o crescimento físico, a sexualidade e o afluxo de pulsões ocasionam grandes mudanças. Socialmente, também há grandes mudanças: o grupo de amigos da mesma idade se torna tão importante quanto a família e, muitas vezes, até mais importante para o adolescente; as amizades e o apaixonar-se têm uma dimensão totalmente nova. Evidentemente, crianças mais jovens também se apaixonam antes da puberdade, mas o ato de se apaixonar na puberdade e na adolescência, que, especialmente em meninos, está associado a um grande afluxo de pulsões, tem uma dimensão muito mais existencial. No entanto, não se trata apenas de amor, mas também da experiência da rejeição. Pertencer ao grupo é um valor importante. Mas essa também é uma fase em que o futuro profissional também precisa ser levado em conta. Hoje temos um pouco mais de tempo para todos esses temas. O estímulo ao desenvolvimento de uma nova identidade é guiado pelo corpo, mas também pelo mundo interno, pelas necessidades alteradas. A identidade infantil – essa identificação inquestionada com os pais e a família, que também cria um si-mesmo infantil bastante estável, quando uma criança pode crescer em relacionamentos seguros – é posta em questão, acompanhada de tempestades emocionais. O que até agora era válido não é mais. Erikson e Marcia descreveram essa situação como confusão de identidade, ocasionalmente também como uma espécie de identidade difusa[35]: inicialmente, há tentativas de se libertar dos pais, mas também há reconexões que precisam ser rejeitadas, pois o indivíduo não quer mais ser um "bebê".

Psicologicamente, as identificações com a família de origem são questionadas. Sistemas familiares têm valores específicos que as famílias consideram importantes. Mas isso também sempre significa que possíveis projetos de vida são excluídos, ficam na sombra. Cada família também tem aspectos de sombra familiar. Esses aspectos são agora interessantes para os jovens se diferenciarem, mostrarem que são "diferentes". O pai acha muito importante não fumar, nunca começar a fumar. O filho de 15 anos fuma, embora não gos-

---

35. Cf. MARCIA, J.E. Development and validation of ego identity status. In: *Journal of Personality and Social Psychology* 3, 1966, p. 551-558; ERIKSON, E.H. *Jugend und Krise. Die Psychodynamik im sozialen Wandel.* Stuttgart: Klett-Cotta, 2003.

te, e ele próprio admite isso abertamente para outras pessoas, mas não para os pais, é claro. Isso também pode se referir a valores vividos: pais muito solidários têm discussões acaloradas com os filhos, que defendem com veemência um egoísmo racional e também colocam esse egoísmo em prática: "Eu assei a carne e comi sozinho porque gosto." – "E o restante da família?" – "O que isso tem a ver comigo? Cada um faça o que achar gostoso".

Do ponto de vista da psicologia profunda, o que é tão intensamente reprimido está inconscientemente presente no sistema. A sombra é geralmente reprimida ou dissociada – às vezes também há uma luta aberta com essas partes. Quando os adolescentes, geralmente de modo passageiro, se identificam com as partes de sombra do sistema, eles também apontam o que está presente no sistema familiar, o que talvez devesse ser confrontado. Podemos até ser grato aos adolescentes que se identificam tanto com a sombra por mostrarem onde estamos nos iludindo. Da perspectiva da psicologia do desenvolvimento, sabemos que esta é uma fase transitória. Em geral, filhos adultos por volta dos 30 anos já voltaram a se alinhar nitidamente com os projetos de vida dos pais.

Na puberdade e adolescência, trata-se de se reinventar. A curiosidade sobre si mesmo gera a fascinante pergunta: Quem posso me tornar? O que posso pôr em movimento no mundo? E aqui a fantasia entra em cena, conceitos de vida são experimentados. Isso também se manifesta na aparência exterior de cada um. Na psicologia do desenvolvimento, falamos de um estágio transitório narcisista, um estágio temporário em que os adolescentes se ocupam extremamente consigo mesmos. Atualmente, há estudos a esse respeito mostrando que as expressões com "eu mesmo", "eu mesma" são as categorias mais frequentes em diários, precisamente em diários de meninos mais do que de meninas, conforme destacado por Inge Seiffge-Krenke em pesquisas recentes[36]. Antigamente se pensava que isso era algo exclusivo das meninas. No entanto, talvez os meninos agora o façam de maneira diferente de antes. "Eu mesmo": a vida gira em torno de mim, do meu eu, de ideias sobre como posso me desenvolver, o que desejo. O adolescente sente que está no centro das atenções de outras pessoas, e presume – isso também é algo narcisista – que o ambiente o observa e avalia. Isso resulta em devaneios nos quais o adolescente é um herói magnífico, e a adolescente, uma mulher bela e poderosa.

Essas fantasias de grandiosidade e singularidade estabelecem uma delimitação em relação às figuras de referência, que são rotuladas como intolerantes, um pouco atrasadas ou consideradas um tanto banais. Existem estudos sobre avaliações errôneas de curta duração: adolescentes, entre 12 e 20 anos, estão convencidos de que seu mundo emocional é único e que os outros não conseguem entender seus sentimentos. Eles se sentem totalmente únicos em seus valores emo-

---

36. SEIFFGE-KRENKE, I. *Identitätsentwicklung in der Adoleszenz*. Disponível em: http://www.equals.ch/files/vortraege/690/identitaetsentwicklung-in--der-adoleszenz.pdf, p. 11.

tivos. Essa é uma experiência de identidade baseada numa percepção distorcida, mas compreensível. Quando estamos apaixonados, por exemplo, na fase pós-adolescentes, ficamos convencidos de que ninguém tem esse sentimento da mesma maneira, nem o expressa da mesma forma que nós. Com o tempo, é claro, percebemos que o amor é sentido assim mesmo, o amor é expresso assim, não apenas no nosso caso. E mais tarde ficamos sabendo que esses sentimentos não são tão individuais quanto pensamos. Isso se torna nítido quando lemos poemas de amor de outras pessoas ou assistimos a filmes românticos. A experiência evidentemente é individual, mas outras pessoas também têm essa experiência e geralmente conseguem se identificar com uma pessoa apaixonada. A convicção de ter um mundo emocional único é associada à acusação de que os outros não entendem o que está acontecendo. O sofrimento por essa falta de compreensão é descrito nos diários ou nas redes sociais. Mas, aos poucos, a pessoa é capaz de novamente se relacionar de maneira mais apreciativa com o mundo externo.

Esta fase de transição narcisista está relacionada com uma identidade incerta, com uma difusão da identidade. Hoje a internet desempenha um papel importante nesse desenvolvimento da identidade. A internet é facilmente acessível, não tem fronteiras geográficas e é anônima. Nela, é possível experimentar diferentes identidades e também jogar com elas – podemos nos apresentar nas redes sociais como outra pessoa e descobrir como os outros reagem a isso. Dependendo da solidez da base identitária, isso ou pode ser criativo ou levar a uma grande insegurança a respeito da identidade. Experimentar com papéis é algo que adolescentes já fazem desde sempre, mas na internet há pouquíssimos limites, o espaço para possíveis explorações é muito amplo.

Os amigos têm grande importância na busca da identidade: podemos nos adaptar a eles, ser contagiados por eles, mas também ser questionados por eles. Eles são aqueles que nos entendem. Podemos ter amigos reais; mas também sempre foi e é possível ter amigos imaginários: meu melhor amigo, minha melhor amiga na fantasia. E agora, com a internet, também é possível ter amigos virtuais: o amigo imaginário da internet. E, às vezes, a barreira para discutir algo com ele ou ela é provavelmente mais baixa do que com um amigo realmente presente. Quando tínhamos amigos imaginários no passado, geralmente era para superar a solidão sem termos de nos confrontar com pessoas reais. Hoje em dia, as pessoas talvez façam isso na internet. Isso só se torna problemático quando não há mais amigos realmente presentes, a quem podemos e devemos olhar nos olhos, e também a quem podemos prestar contas.

Jovens adultos podem dizer, hoje em dia, que estão experimentando. A ideia de que a identidade profissional e a identidade sexual devem ser encontradas no final da adolescência, por volta dos 20 anos, não é mais válida atualmente. Muitos fizeram um curso de aprendizagem em determinada profissão e, em seguida, mudam de profissão. Fala-se hoje em "adultez emergente", uma entrada na fase adulta cada vez mais tardia, que leva tempo – até a idade de 30 anos, pensa-se hoje –, e os jovens aproveitam esse tempo e experimentam.

Estes podem viver uma multiplicidade de coisas, podem experimentar, sentir o que combina, o que não combina tanto com eles. No entanto, também podem rapidamente se conformar com o que é exigido de fora, com o que está na moda no momento. Estarão novamente na armadilha do "Impessoal". Isso parece ainda ocorrer com mais frequência entre as meninas do que entre os meninos. A questão é: Que tipo de moça a sociedade gostaria de ter? E se a definição inconsciente ou meio consciente da sociedade é: "Eu sou como sou vista", então há uma pressão enorme sobre as jovens, talvez também sobre os rapazes; uma pressão que diz: você tem de ser apresentável, bonita, bonito e, para isso, deve mudar o corpo, até mesmo fazer cirurgias, para atender a essa exigência – que ninguém realmente define com precisão. Não é dito: "Eu posso ser quem eu sou", mas sim: "Eu devo corresponder a uma imagem, a uma projeção: Eu fantasio como gostariam de me ver, e me ajusto a essa projeção, que talvez não seja satisfeita por ninguém realmente". Isso muitas vezes está associado ao sentimento: "Do jeito que sou, não está certo. Eu deveria ser diferente".

Existem também outras maneiras de evitar a busca pela identidade, de escapar à pergunta sobre quem eu sou verdadeiramente. Meninas que ainda estão bastante ligadas aos seus pais podem substituí-los por um amigo. Para a sociedade, se uma garota tem um namorado, isso significa que ela conseguiu se separar dos pais, encontrou sua própria identidade. Pode ser verdade, mas não necessariamente. Ela pode substituir o pai pelo namorado, do qual, em seguida, ficará dependente – com os problemas associados a isso e que ela poderia ter resolvido melhor com o próprio pai. E isso é o que hoje geralmente se considera normal e aceitável. Do ponto de vista psicológico, falamos de uma identidade derivada: não é a minha própria identidade que encontrei; ao contrário, permito que outra pessoa me dê minha identidade, às vezes efetivamente me prescreva uma identidade, e isso também é uma "identidade do Impessoal". Aqueles que não encontraram uma identidade própria podem ficar deprimidos após certo tempo. Por trás da depressão está a necessidade de desenvolvimento, necessidade de um melhor contato consigo mesmo novamente. A depressão tem o propósito de nos encontrarmos, descobrirmos quem podemos ser, ou simplesmente: quem sou eu realmente quando não faço o que os outros querem de mim, quando não me comporto como imagino que os outros estão querendo?

A transição durante a puberdade e adolescência é exemplar para muitas transições de vida que enfrentamos, mesmo que geralmente sejam menos "ruidosas". O corpo muda, a autorreflexão e a autodúvida tornam-se possíveis e permanecem ao longo da vida. Podemos constatar claramente um "antes" e "depois" – e um "entre". Este "entre" também se manifesta nitidamente como uma fase de grande incerteza, instabilidade e experimentação, ligada à curiosidade sobre nós mesmos, sobre como ainda podemos ser. A autorreflexão e a autodúvida tornam possível pensar sobre mim mesmo, sobre a pessoa que me tornei, mas também sobre o futuro, encontrar mais a mim mesmo, descobrir o que é realmente importante para minha vida. No entanto, também é possível apenas se adaptar e, desse modo, inicialmente perder a oportunidade.

As transições de vida são especialmente radicais quando acompanhadas por mudanças corporais evidentes; e elas estão sempre associadas a oportunidades. Estão relacionadas às perguntas: Quem sou eu ainda? Na verdade, quem quero ser no fundo, quem sou eu se minha vida de repente mudou por completo, por exemplo, porque perdi um parceiro, uma parceira? Com essas perguntas anuncia-se uma mudança na identidade.

Há fases na vida em que não refletimos sobre nossa identidade, somos o que somos, estamos enredados na vida – e tudo continua seu curso. Temos uma autoconfiança discretamente boa, sentimo-nos competentes na vida. Talvez um dia haja um olhar questionador de fora, com a pergunta expressa ou não expressa: Você é realmente assim? Uma breve reflexão, talvez uma pequena correção, ou também não. E então, às vezes furtivamente, às vezes quase da noite para o dia, começamos a questionar nossa própria vida: de repente, nada faz mais sentido, ficamos um pouco insatisfeitos, a vida não parece mais verdadeiramente viva. Isso pode acontecer em qualquer idade, mas ocorre, com frequência, em aniversários redondos, especialmente no meio da vida, mas também por causa de amigos que, de súbito, tomam um rumo diferente na vida. Essa insatisfação geralmente se manifesta ao percebermos certa fragilidade em nós mesmos. A mente e o corpo parecem menos resistentes, velhos problemas ressurgem e, às vezes, velhas angústias. De repente, nossa autoconfiança não é tão boa, e nos perguntamos: O que está acontecendo comigo? É hora de autorreflexão e autodúvida – uma transição de vida menor ou maior está em curso, um processo de desenvolvimento no qual deixamos algo para trás e algo novo entra em nossa vida; nossa identidade é alterada e se reajusta à nossa vida interior, mas também ao mundo exterior.

Devemos suportar a insatisfação e a inquietação associadas a essa transição. A fragilidade nos permite descobrir coisas novas sobre nós mesmos. Tornamo-nos mais sensíveis, mais sentimentais, o que nos faz buscar mais orientação, incluindo em nossos sonhos. Quando à noite temos sonhos, às vezes já sabemos para onde vai a direção do desenvolvimento da identidade. O homem com três ataques cardíacos tem um sonho recorrente em que pequenas crianças brincam concentradamente. Ele não consegue se lembrar dos sonhos com precisão; apenas se lembra sempre dessa "brincadeira completamente absorvida", e isso o toca a fundo. Mas poderia isso ser um aspecto da identidade adulta? – eis sua pergunta. Sim, levando em conta seu mundo interior, está na hora desse ato de perder-se na brincadeira. Para onde isso levará é algo que não precisa estar claro. Em fases de transição, também temos fantasias, e essas são, com frequência, fantasias de uma vida completamente diferente que gostaríamos de ter. Se não ficarmos apenas na expressão dessas fantasias, mas realmente nos permitirmos fantasias sobre essa vida completamente diferente, mesmo que, ao examiná-las mais de perto, não possam ser convertidas em realidade e não seja tão fácil deixar a vida costumeira, essas fantasias nos mostram para onde tendem nossos anseios mais profundos. Isso, no entanto, não altera a fragilização. Muitas vezes, tentamos lidar com a incerteza usando métodos antigos de resolução de problemas. Todos nós sabemos o que nos ajuda quando não estamos tão bem. É melhor nos recolhermos em nós mesmos, darmos tempo a nós mesmos, e nos cuidarmos e ficarmos atentos a nós mesmos. A fragilidade pode se manifestar como tristeza, sem que precisemos estar deprimidos; apenas nos sentimos para baixo.

Nesta fase, nossa identidade é questionada por nós mesmos, mas também pelo exterior. Pode surgir a acusação de que não somos mais tão estimulantes como antes, não tão alegres. A resposta bem-humorada "Como você gostaria que eu fosse?" pode dar início a uma conversa sobre as mudanças psicológicas e promover mais empatia. Talvez, em diálogo com uma pessoa importante, já seja possível formular parcialmente o que parece significativo no momento e para o futuro. Isso é importante para relacionamentos estreitos. No entanto, não se trata apenas de expressar que não estamos indo tão bem, mas de deixar claro que percebemos essa fase como uma transição, em que algo significativo na vida está mudando, e tomamos nova consciência de nós mesmos. A mudança pode vir como uma demanda interna, por meio de alterações no corpo e na psique, pela necessidade de incluir aspectos da personalidade própria que sempre foram deixados de lado – ou também mais externamente, como, por exemplo, mediante uma nova exigência, uma nova exigência em relações importantes e que estão se transformando: por exemplo, quando os filhos saem de casa. E, na maioria das vezes, o mundo interno e o externo se entrelaçam.

Agora, claro, é possível recorrer rapidamente ao "Impessoal" de novo. Ou seja, o que "se faz" quando se começa a se retrair e a se perguntar: Como deve ser uma pessoa de 50 ou 60 anos? No entanto, também podemos nos expor a nós mesmos, aos sonhos, fantasias, desejos, interesses. Podemos descobrir algo sobre nós mesmos e nossos desejos não realizados quando examinamos a inveja que temos de outras pessoas, especialmente também dos mais jovens. Se não rejeitarmos imediatamente a inveja, pois afinal não deveríamos sentir inveja, ela também pode nos dizer algo[37]. Pergunto: Posso eu – sempre de acordo com minha idade – incorporar em minha vida algo que secretamente eu invejo nos mais jovens, os quais, por isso, eu também critico duramente? A pessoa também pode simplesmente se perguntar o que ficou pelo caminho ao longo da vida. Por exemplo, há uma geração que teve de trabalhar muito após a guerra, e muitas coisas lú-

---

37. Cf. KAST, V. Über sich hinauswachsen. Op. cit.

dicas, "desnecessárias", como ela costuma dizer, ficaram para trás e que poderiam ser incorporadas à vida.

Fases de transição nos permitem tatear possibilidades internamente; escolhemos algumas e as colocamos em prática. Não é que nos tornamos uma pessoa totalmente nova. Em vez disso, conectamos o que agora é novo com o que era bom antes do período de transição. No início de uma transição de vida, toda a vida é questionada, tudo é criticado. Depois de passar pela transição, sabemos melhor o que era bom e sustentável até então, o que precisava ou precisa ser abandonado, bem como o que ainda está por fazer, algo para o qual talvez falte coragem. O que até então era sustentador na vida, mesmo que estivesse temporariamente sob análise, é novamente incorporado ao conceito de si mesmo e à concepção de vida como algo sustentador. Na maioria das vezes, passar por uma transição nos dá a sensação de estarmos mais vivos, com mais liberdade em nossa própria vida; nós nos permitimos a diversidade de coisas e nos tornamos menos dependentes da opinião dos outros. Ao lançarmos um olhar retrospectivo sobre nossa vida, podemos dizer com bastante precisão em quais situações uma mudança mais profunda de identidade se tornou vivenciável. Geralmente são situações em que nos vemos diante de uma nova demanda, que desafia novos aspectos em nós mesmos, por exemplo: os filhos saíram de casa, não posso mais desempenhar o papel de mãe. As forças diminuem, não podemos mais nos definir exclusivamente pelo desempenho.

Às vezes, essas mudanças de identidade estão relacionadas a crises; em outros casos, são transições relativamente tranquilas, uma mudança gradual de identidade, e ainda assim percebemos que algo mudou nitidamente. Por exemplo, uma mulher de cerca de 50 anos, ao fazer uma retrospectiva de sua vida, disse:

> Eu sempre fiz tudo pelos outros, por minha família, mas também por outras pessoas que precisavam de mim. Eu muitas vezes me sentia explorada. E então, um dia, meu marido me disse: "Você não está mais se deixando explorar pelos outros; agora você ajuda de maneira mais ponderada". Quando ele disse isso, percebi: eu mudei lentamente – sim, eu ainda ajudo, mas agora também é importante para mim que *eu* me sinta bem.

As mudanças fazem que possamos viver de novo totalmente em harmonia com o mundo interno e o externo; e por certo tempo nos sentimos novamente em nós mesmos, até que, mais uma vez, uma nova situação problemática ocorra. A problemática nos dias de hoje é que achamos que precisamos nos adaptar ao mundo externo, que sempre precisamos funcionar, que precisamos funcionar bem, se possível sempre melhor, como resultado da economização – também um "Impessoal". Nossa vida interna fica em segundo plano. No entanto, não temos apenas um mundo externo, temos também um mundo interno. Se houver um abismo entre esses dois, não mais nos sentiremos bem. Então, sentimos a necessidade de que tudo fique "em ordem" novamente. Precisamos aceitar essa demanda, e geralmente sabemos o que nos falta – mesmo que nem sempre traduzamos esse saber em ações. Essa ideia é marcada por um pensamento da psicologia profunda: quando o mundo interno e o externo estão em relação um com o outro, em equilíbrio e num certo ritmo, nós nos desenvolvemos de maneira natural. Nesse processo, nossa identidade muda, de modo que viveremos uma vida que consideramos boa.

Transições de vida iminentes, semelhantes à puberdade ou adolescência, podem ocorrer de maneira bastante tumultuada, justamente quando não percebemos esses ritmos pela sobrecarga de demandas do mundo exterior. Então entramos em crise. Grandes mudanças na vida vêm acompanhadas de crises de identidade. Essa foi também a ideia de Erik H. Erikson, segundo a qual as pessoas, por regra, passam por crises, enfrentam essas crises e se desenvolvem com elas, permitindo que algo novo se torne vivenciável na vida, enquanto outras coisas podem ser descartadas.

O que é uma crise?

Numa crise, experimentamos um desequilíbrio entre as demandas sobre nós e nossas capacidades psicológicas, físicas e técnico-mudanas de lidar com isso.

Como se dá uma crise? Ela ocorre, em parte, por mudanças na vida que tentamos reprimir, de modo que elas subitamente adquirem caráter de grande urgência, como, por exemplo, problemas de relacionamento que não queremos reconhecer, que nos impossibilitam confrontar o parceiro e nos tornam incapazes de realizar mudanças a dois ou em nossa própria vida. Problemas de relacionamento que, então, subitamente culminam numa grande decisão iminente, numa crise real. Mudanças que por um longo tempo não são percebidas e, por isso, também não são assimiladas se intensificam com frequência e geram crises. No entanto, as crises também podem surgir de eventos repentinos, com os quais inicialmente não conseguimos lidar, como uma doença grave ou uma perda.

Em situações de crise, sentimos que a vida nos colocou contra a parede: as demandas feitas a nós e nossas possibilidades subjetivamente acessíveis de enfrentar a crise não estão mais alinhadas entre si. São muitas demandas que já não conseguimos enfrentar com as soluções internas e externas disponíveis. Na crise, falta a flexibilidade necessária para lidar com a vida, e, portanto, ficamos presos, não vemos saída.

No entanto, uma crise também é uma situação significativa em que a questão é inevitavelmente sobre nós mesmos; ela pode ser uma oportunidade de colocar a vida de volta nos trilhos, a vida que talvez esteja fora de controle há muito tempo. Um problema importante na vida precisa ser resolvido, senão não teríamos uma crise. Não raro, trata-se de vida e morte. Mas mesmo que a crise não tenha essa dimensão existencial, ela ainda expressa que a pessoa está em perigo, que uma nova capacidade de adaptação entre ela e o mundo, entre o mundo interno e o mundo externo é necessária para que a vida retome um equilíbrio. Mudanças necessárias nos aguardam e precisam ser concretizadas.

Se uma transição de vida for realmente experimentada como tumultuada, com a perturbação sendo, portanto, muito intensa, essas pessoas precisarão de assistência[38]. As crises estão relacionadas à angústia, e esta se generaliza facilmente permeando diferentes temas de vida e ao longo do tempo: de repente, toda a vida parece estar em crise, incontrolável, e a pessoa imagina que nunca mais será possível controlar a vida, que ela talvez nunca tenha estado sob controle. E, por isso, a pessoa em crise precisa ser tranquilizada. Pois a orientação na vida, o controle sobre a própria vida, pelo menos em certa medida, são necessidades básicas humanas. Quando essa necessidade básica é atendida, proporciona-se segurança existencial. As pessoas se tranquilizam principalmente por meio de conversas com outras pessoas sobre sua difícil situação existencial.

Se, na crise, a angústia e a imaginação apreensiva estão generalizadas, a pessoa esquece que há aspectos de sua vida que escapam do alcance da crise. Também esquece que, na verdade, ela possui competência para enfrentar crises, que já superou muitas crises na vida, e que também possui outros recursos, na forma de relacionamentos benéficos, competência de ação, ideias, sonhos etc., que ajudam a enfrentar a vida.

---

38. Cf. KAST, V. *Der schöpferische Sprung. Vom therapeutischen Umgang mit Krisen.* Reedição ampliada. Ostfildern: Patmos, 1987 (2017); Id. *Lebenskrisen werden Lebenschancen. Wendepunkte des Lebens aktiv gestalten.* Freiburg im Breisgau: Herder, 2014.

As crises sempre existiram e continuarão existindo. As pessoas passam por mudanças, têm de lidar com transições na vida, algumas felizes, outras trágicas. Relações são estabelecidas e desorganizam a vida habitual, ou tornam-se difíceis, podendo até mesmo se romper.

Grandes mudanças na vida estão associadas a crises de identidade. Assim, a perda de uma pessoa querida, com quem se estava profundamente conectado, provoca uma crise de identidade. No processo de luto, os sentimentos de tristeza não são apenas permitidos, como também, ao permitir essas emoções, também se trabalha sobre a crise de identidade: uma nova identidade se torna vivenciável como a identidade de uma pessoa que agora se desvinculou do falecido, mas incorporou muitas coisas despertadas pela vida que viveram juntos[39].

---

39. Cf. KAST, V. *Trauern. Phasen und Chancen des psychischen Prozesses*. 2. ed. Stuttgart: Kreuz, 2014.

7
Sentimentos – Questionando nossa identidade

Não há apenas grandes mudanças e redefinições de identidade; muito mais frequentes são os questionamentos diários, constantes à nossa identidade – e isso ocorre por meio das nossas emoções e sentimentos. Do domínio emocional vêm estímulos para a maneira como nos movemos no mundo, se de forma perigosa ou segura, e estes determinam inconscientemente ou um pouco mais conscientemente nosso comportamento e nossas ações. Nossa identidade se torna visível externamente por meio de nossas ações. Nossas posturas e ações mostram também quem queremos ser.

Nossas emoções, que sentimos no corpo e que estão conectadas a tudo o que acontece em nosso corpo, bem como as emoções conscientemente percebidas, os sentimentos, que podemos nomear, nos orientam externa e internamente. Isso significa que, por meio de nossa autovivência, podemos nos orientar, podemos também nos sentir inseguros, questionados, perturbados. É uma orientação sobre como nos sentimos naquilo que somos atualmente, naquilo que estamos fazendo, sobre como as múltiplas relações com o mundo nos afetam. Uma orientação sobre coisas que talvez precisemos mudar.

Como já mencionado: temos sistemas emocionais biologicamente inerentes, que compartilhamos com os animais[40]. Esses são, de acordo com Panksepp, o sistema do medo, da fúria, da alegria, da curiosidade, do interesse, do pânico, do luto, e o sistema de cuidado. Esses sistemas estão inter-relacionados, muitas vezes ocorrem juntos, de modo que não é tão simples filtrar uma única emoção, um único sentimento. Costumamos então nomear o sentimento predominante, aquele que domina nosso ânimo. Com base nesses sistemas emocionais, nossas emoções cotidianas, incluindo as emoções sociais como inveja e vergonha, se formam por meio de relacionamentos com outras pessoas e pelo desenvolvimento humano, pelas experiências que temos com o mundo. Esses sistemas são acionados por experiências no cotidiano.

Se estamos numa situação em que nos achamos impotentes, então sentimos medo. O medo é sentido inicialmente no corpo, e o sentimento de desagradável tensão é reconhecido como medo. Sentimos medo, e provavelmente também temos algumas imagens internas ou conhecimentos que se relacio-

---

40. Cf. PANKSEPP, J.; BIVEN, L. *The archaeology of mind.* Op. cit.

nam ao medo. Percebemos que nos sentimos ameaçados física ou psiquicamente e procuramos ajuda de outra pessoa. Emoções e os sentimentos a elas associados fazem parte da nossa configuração básica, que é a mesma para todos os seres humanos, arquetípica, e essa configuração básica ajuda a nos orientar e também a atender às nossas necessidades básicas.

Com nossas emoções e sentimentos, regulamos as relações internas e externas. Alguém me irrita e, pelo que parece, estou sendo atacado injustamente. Se expresso minha raiva, estou indicando à outra pessoa que ela ultrapassou meus limites, estou avisando para não continuar fazendo isso, caso contrário, aí sim, ela verá o que é uma pessoa furiosa. Teremos de conversar sobre o problema. Emoções surgem de nossas múltiplas relações com o mundo, principalmente também com outras pessoas, é claro. Elas são um estímulo para a conexão entre o mundo interno e o externo, entre corpo, intelecto, comportamento etc.

Se ponderarmos sobre as emoções e sentimentos que podem ser vivenciados, fica claro: cada emoção, cada sentimento nos diz algo sobre nossa experiência de identidade atual e, possivelmente, qual aspecto da identidade é significativo agora – e isso a serviço de nosso pertencimento como indivíduos ao grupo dos outros e nosso pertencimento ao mundo.

Raiva

Muito claramente, a raiva está ligada à experiência de identidade. Imagine, por favor, uma situação em que você sentiu uma raiva moderada, não muito intensa, mas também não muito fraca. Como foi tal sentimento? O que você fez com a raiva? Se você a engoliu: Como isso o afetou, e como afetou a outra pessoa que provocou a raiva? Portanto, o que aconteceu com você, o que aconteceu com a relação em que a raiva ocorreu?

Tente agora se lembrar de uma situação em que você intencionalmente irritou alguém – apenas um pouco talvez. E agora, tente se lembrar de quando outra pessoa intencionalmente o irritou, uma situação em que você percebeu que estava sendo provocado intencionalmente por alguém.

Muitas vezes é difícil descobrir quando você mesmo irritou alguém intencionalmente, mas geralmente temos facilidade em detectar quando os outros nos irritaram intencionalmente. Aqui surge um problema estatístico: entre sermos intencionalmente irritados pelos outros e nossa percepção de situações em que nós mesmos intencionalmente irritamos os outros deveria haver certo equilíbrio. Ou não admitimos que também irritamos intencionalmente os outros, ou assumimos com bastante frequência que os outros nos irritam intencionalmente. Mas quando acreditamos que outras pessoas nos irritam intencionalmente, ficamos ainda mais irritados do que se sentíssemos que tudo foi simplesmente uma desatenção. Um exemplo: alguém nos empurra na multidão. Se achamos que foi intencional, ficamos irritados; se, por outro lado, achamos que é algo que acontece comumente em multidões, mal percebemos.

Todas as emoções e sentimentos dizem respeito à nossa identidade atual, e isso é especialmente verdadeiro no caso da raiva. No contexto da raiva, trata-se do fato de que minha personalidade não está sendo respeitada, minha integridade está sendo violada etc. Integridade significa querer e proteger uma fronteira inviolável ao nosso redor. Se alguém ataca nossa integridade, nós nos sentimos feridos, achamos que a outra pessoa se apropriou de algo que não lhe pertence, ficamos zangados. Nossa personalidade, nossa identidade, nossa integridade – isso tem uma delimitação, como também é nossa proteção. Isso sou eu. No entanto, como seres humanos, não podemos viver sem os outros, queremos viver com os outros. Não queremos ser apenas únicos e autônomos; queremos também viver em um "nós", queremos pelo menos poder derrubar nossas fronteiras e nos fundir amorosamente uns com os outros, ou pelo menos queremos poder lidar amorosamente uns com os outros. Muitas situações de raiva surgem porque temos medo de perder um relacionamento importante para nós; isso ameaça profundamente nossa autoimagem. No entanto, também precisamos lidar uns com os outros nos relacionamentos.

Se alguém ultrapassa nossos limites, se agride nossa autoconservação, ou seja, nossa identidade, nossa integridade, ficamos irados. Essa agressão pode ser física, pode ocorrer com palavras, com olhares. Podemos ser atacados psicologicamente quando alguém quer mandar em nós, quando nos insulta. Ou quando não somos respeitados. Também vivenciamos isso como um ataque à nossa integridade e identidade. A raiva e, consequentemente, a agressão induzida por ela surgem também quando se tem muito trabalho o tempo todo. Alguém então diz que, após um dia de trabalho, precisa correr por muito tempo para "relaxar", para não descarregar a raiva acumulada sobre a família. Tal pessoa tem a impressão de que, ao longo do dia, "muita carga foi colocada sobre ela" ou que ela "permitiu que se colocasse muita carga sobre ela", sem receber reconhecimento suficiente por isso. E essa "carga excessiva" ou esse "deixar-se sobrecarregar", sem o devido reconhecimento, são vivenciados por algumas pessoas como um ataque à sua integridade. Elas nunca diriam isso com essas palavras. Simplesmente dizem que estão muito irritadas. E nesse contexto, falamos de distresse, ou seja, do estresse ruim, não de eustresse, o estresse que nos faz bem, porque nos impulsiona de uma maneira positiva.

Também quando somos envergonhados ficamos irritados. Todas essas são situações de raiva que giram em torno da autopreservação. Também podemos nos sentir insultados pela brutalidade do mundo, pela feiura, pelo ódio. Isso geralmente resulta numa raiva difusa ou numa disposição raivosa – sentimos que estamos sendo atacados de uma maneira difusa, e não podemos nos defender adequadamente.

Podemos nos irritar conosco mesmos, o que sempre significa que devemos refletir sobre nossos limites, em última análise, sobre nossa identidade. Geralmente nos irritamos conosco quando temos uma opinião muito elevada de nós mesmos, à qual não conseguimos corresponder em nossas ações; quando lidamos de forma irrealista conosco mesmos. Por que nos irritamos quando, depois de uma ofensa, não conseguimos apresentar a réplica elegante e engraçada que só nos ocorreu à noite? Obviamente, quando as emoções estão à flor da pele, não somos tão serenos e perspicazes quanto gostaríamos. Se pudéssemos ver essa ocasional falta de perspicácia como um aspecto aceitável de nossa identidade, a raiva desapareceria ou seria mínima.

A autopreservação é como o casulo que temos ao redor de nossa identidade e é frequentemente associada à integridade, como um valor que nos damos a nós mesmos. Mas também há a autoexpressão, ou seja, queremos nos desenvolver, ultrapassar limites, trazer coisas novas para nossa vida. Temos interesse em algo, nós nos propusemos aprimorar uma habilidade importante, nos envolver em algo novo. Isso pode incluir o aprimoramento profissional, exercitar-se, treinar, encontrar-se com outras pessoas. E então, aqueles mais próximos de nós dizem: "Você já não tem tempo, não queremos que faça isso, não deve fazer isso, é muito empenho pelos outros". E então ficamos zangados: queremos fazer mais de nossa vida e, em última análise, desenvolver nossa identidade – e agora, aqueles com quem vivemos e queremos ter um bom convívio nos impedem. Podemos ficar teimosos ou expressar a irritação de uma maneira construtiva.

Teimosia: crianças pequenas na fase da teimosia são movidas por uma grande sede de exploração, estão constantemente pensando em algo novo que também querem fazer, e isso está a serviço de seu desenvolvimento. Elas se tornam o que são ao conquistar o mundo, passo a passo. Os adultos não se cansam de restringi-las, dizendo: "Não, não, não!" – porque, na verdade, em sua sede de exploração, elas podem se colocar em situações perigosas. E então essas crianças pequenas ficam realmente com raiva, batem os pés e fazem birra. Algo semelhante acontece conosco quando nossa vontade de explorar é reprimida, quando não podemos seguir nossos interesses, quando não conseguimos convencer as pessoas ao nosso redor de que isso agora é importante para nós. Mas, com a raiva, protegemos nossa identidade, mas também estamos tentando impedir que a identidade permaneça estática, para que possa se transformar. Com nossa raiva, podemos proteger e expandir limites – na convivência com um "você", para a qual o igual é importante. No entanto, a raiva não está a serviço apenas da identidade própria, mas também do relacionamento, no qual é importante que cada um possa também se defender. E aqui o relacionamento não é fundamentalmente prejudicado pela raiva, mas sim questionado com vistas a uma convivência melhor.

Quando estamos irados tornamo-nos agressivos, com uma agressão motivada pela raiva. (Existem também outras formas de agressão.) Fantasias raivosas surgem dessa raiva: imaginamos o que faríamos à pessoa que nos irritou. Essas são geralmente fantasias de vingança, que têm o propósito de fortalecer temporariamente a autoestima ferida e restabelecer o equilíbrio na relação. Quando nos irritamos percebemos as situações como desleal, injusta – algo saiu do equilíbrio, que é então temporariamente restaurado pela fantasia.

Fantasias raivosas: um jovem está extremamente irritado com a namorada porque, aos seus olhos, ela "flertou" demais. Ele assim fantasia: ele vai sair do apartamento em que moram juntos e levar todas as coisas dela. No entanto, após as fantasias raivosas, muitas vezes surge o medo: não queremos perder a outra pessoa, mas apenas lhe mostrar que não somos tão impotentes. Raiva e medo frequentemente interagem entre si. Sabemos, é claro, por muitas experiências: se não expressarmos nossa raiva de maneira habilidosa, a pessoa que a recebe também reagirá com raiva. E a expressão de raiva pode nos assustar, temos medo da destruição, no caso de um relacionamento, o medo de que o relacionamento se desfaça. Isso também é uma fantasia de vingança convincente para quem está fantasiando, mas que raramente é concretizada, devido ao medo de ser abandonado ou outras consequências desagradáveis e indesejadas. O jovem revisa sua fantasia: ainda quer sair, mas não levar tudo o que é dela, pois acha que isso seria injusto, mas apenas seus sapatos prediletos. Isso é uma fantasia raivosa relativamente perfeita para ele. Tê-la é suficiente para ele; sua autoestima é restaurada e ele pode tocar no assunto do flerte com a namorada. Cultivamos essas fantasias raivosas até que nosso sentimento de autoestima esteja suficientemente bom para lidar com o problema.

Ao dar nome para a raiva, tentamos descobrir onde cruzamos a fronteira um do outro. Discutimos sobre isso. E por trás das discussões está a pergunta, para ambos: Por qual comportamento se deve assumir a responsabilidade? O que precisamos fazer para que esses conflitos não ocorram novamente, para que cada um possa viver sua identidade, e uma convivência seja possível?

Pessoas próximas de nós podem nos irritar mais do que aquelas que são menos importantes para nós. Isso tem a ver com o fato de que as pessoas próximas têm mais permissão para ultrapassar nossos limites, essa é a essência de um relacionamento próximo; crianças podem até mesmo fazer o que querem com alguém. Mas justamente porque aqui não é necessário respeitar tanto os limites, é de grande importância ver a linha onde o outro se sente realmente ofendido. Em essência, num relacionamento próximo, é necessário ser muito mais sensível a casos de possível irritação.

Se uma pessoa próxima ultrapassa nossos limites, isso afeta a preservação de uma identidade amplamente autodeterminada, da integridade inviolável. Estamos dispostos a lutar por ela. A agressão motivada pela raiva se transforma em luta: quanto mais sentimentos pró-sociais temos, ou seja, quanto mais amorosos somos, quanto mais queremos bem a alguém, mais provavelmente essa agressão não desaguará em mera destruição, mas uma confrontação construtiva surgirá. Há realmente uma mudança, há diálogo. E esse diálogo me torna consciente de novo: o que está sendo realmente testado agora em minha identidade, o que devo retomar do outro? Pelo que devo lutar, por assim dizer?

Os sentimentos pró-sociais fazem a diferença; e é com as pessoas mais próximas que também temos a maioria dos sentimentos pró-sociais, embora elas nos provoquem a raiva mais intensa. Em consequência disso, durante essas disputas, somos menos injustos do que em outras situações, contanto que ainda haja sentimentos amorosos e de cuidado um pelo outro.

Aqueles que se enraivecem ainda acreditam que podem mudar o mundo. Pois a raiva é a emoção da luta, e na raiva também reside a energia da luta e, portanto, o desejo de pôr algo em movimento. Lutar para defender a identidade, que nunca é estática; a identidade que é atacada, mas também deseja se desenvolver. Não obstante, a raiva autêntica, no lugar certo, na dose certa – raiva e ira, em todas as variantes, mas na medida certa –, isso já foi um objetivo elevado para Aristóteles[41] e continua sendo até hoje. Pois podemos falar construtivamente sobre raiva quando ela é claramente vivenciável mas ainda não se inflamou; isto é, quando ainda podemos falar sobre a raiva. Para Aristóteles, não ter ira, não se defender, era da "natureza de escravo". Se alguém me diz que não se irrita mais, acho que isso não é expressão de maturidade humana, mas sim de resignação. E, em vez de ficar irritado e lutar, ele fica deprimido.

---

41. Cf. ARISTÓTELES. *Nikomachische Ethik*. Paderborn: Schöningh, 1966, IV, 26a.

Algumas pessoas evitam o conflito aberto e recorrem à agressão passiva. Não ouvir um ao outro, fazer promessas um para o outro o tempo todo sem a intenção de cumpri-las, esquecer tudo – todas essas são formas de agressão passiva. Todos nós empregamos essas formas de agressão passiva, alguns mais, outros menos. Pensamos que isso é benéfico para o relacionamento. Por isso, a pergunta que fiz no início: O que aconteceu depois que você engoliu a raiva? Muitas vezes desenvolvemos, em seguida, uma agressão passiva ou guardamos o rancor no corpo, talvez até fiquemos amargos, mas engolimos a raiva para proteger o relacionamento. Mas isso produz o oposto. É antes o calor da raiva que nos ajuda a lidar construtivamente um com o outro. Na raiva, estamos próximos; na agressão passiva, estamos distantes.

Quais aspectos da identidade são visíveis na raiva? Aqui se trata da identidade no modo da defesa e da luta em prol de si mesmo na relação com outras pessoas. E isso é um aspecto importante da experiência de identidade: posso me defender e lutar, na convivência com pessoas que fazem exatamente o mesmo para manter sua integridade e autonomia. Isso fortalece nossa autoestima e a convicção de que podemos ser autoeficazes, que não somos simplesmente vítimas de outras pessoas e situações que nos prejudicam. O que nos irrita mostra o tema relevante para a identidade no atual momento. Se nos adaptarmos excessivamente, por exemplo, para não sermos abandonados, e se moldarmos nossa identidade conforme a imagem que uma pessoa importante tem de nós, então ficaremos subliminarmente bastante enraivecidos, mas não teremos coragem de falar sobre a raiva justificada. A raiva nos adverte a sermos nós mesmos. Nós humanos precisamos de pertencimento aos outros, mas também de diferenciação, e é a raiva que cuida da diferenciação em meio ao pertencimento.

Medo

Qual é a influência do medo em nossa identidade? O medo é experimentado como uma excitação corporal especialmente desagradável, diante de uma situação ameaçadora, ambígua, com a qual inicialmente não vemos nenhuma possibilidade de lidar, motivo pelo qual nos sentimos impotentes. Mas, é claro, estamos sob pressão: nós nos sentimos ameaçados, tomados por um perigo.

O medo nos mostra nossa identidade no modo de impotência e abandono. Ou não há um "você" auxiliador, ou estamos sendo atacados até por pessoas próximas. Como já acontece no caso da raiva, aqui também fica claro: raiva, agressão condicionada pela raiva e medo interagem entre si. Quando somos atacados por outra pessoa, percebemos o mundo exterior como totalmente perigoso, ameaçador. Agora podemos reagir com raiva e lutar, ou então podemos reagir com medo. Quanto mais clara uma situação é, mais propensos somos a reagir com raiva; mas quando as situações se tornam ambíguas e confusas, reagimos mais com medo. O mundo é mau, ninguém ajuda, e o medo nos assalta, somos pequenos, impotentes, estressados, sem saber o que fazer.

Podemos facilmente cair em situações em que delegamos todas as agressões ao mundo exterior, aos outros; não temos mais agressão, estamos apenas tomados pelo medo. Ao delegarmos a raiva para o mundo exterior, mas especialmente a agressão associada a ela, então perdemos o acesso a elas e ficamos apenas com o medo. Obviamente, ainda temos essa raiva, também temos agressão. Ao projetarmos a agressão nos outros, damos aos "outros" – quem quer que sejam – grande poder e eficácia, enquanto nós mesmos nos tornamos totalmente impotentes. E a pergunta é: Onde está minha agressão, onde está minha raiva, posso encontrar acesso a ela? Ao encontrar nossa raiva, também temos acesso à agressão motivada pela raiva. Não se trata de destruição, mas de agressão no sentido de abordar os problemas; trata-se da convicção de que podemos nos defender. "Lutar ou fugir" – como se costuma dizer no contexto do medo –, esses são os dois movimentos que nos são disponíveis. Se fugirmos, se nos retrairmos e não enfrentarmos mais as dificuldades, então nos sentiremos como vítimas das circunstâncias, vítimas de um mundo totalmente mau, vítimas de maquinações dúbias, que não conseguimos mais entender.

Nos tempos atuais, existem muitas ideias paranoicas, até mesmo socialmente: que "todos" só querem o mal, estão determinados a nos destruir, que o país está sendo pessimamente governado. Se algumas pessoas compartilham essa ideia paranoica entre si, ela também não é mais questionada, porque os outros também veem o mundo dessa maneira. Então, em última análise, todos nós somos vítimas. Vivemos no modo de impotência e acusação, sem mudar nada. Temos uma identidade de vítima, vítima dos outros, das circunstâncias, da vida. A pessoa diz: Alguma instância deveria ajudar, mas essa instância de ajuda não se mostra, ninguém se importa. Em tal situação, temos de nos empoderar, mostrar coragem para o medo, mas também coragem para a raiva e a agressão.

Podemos nos perguntar o que estamos perdendo na vida quando perdemos a coragem de ter medo. A coragem para o medo significa admitir o medo em toda a sua dureza e ainda assim se defender, na medida do possível. Geralmente, aqui ainda se trata de situações que tememos, de consequências que tememos. Por trás do receio – com o qual temos de lidar diariamente – está o medo, que inicialmente nos coloca diante do nada – nada mais funciona. E trata-se apenas de nós mesmos. No medo, não podemos ser representados por ninguém. Mas podemos sentir que não queremos ser privados de nossa própria existência. Nós nos deparamos com o que sustenta, mesmo que nada pareça mais sustentar. Estes são pensamentos da filosofia da existência. Segundo Karl Jaspers, numa situação em que pensamos que nada mais adianta, nós nos agarramos à existência[42]. Isso é uma expressão misteriosa, bastante obscura, de uma grande força. Não nos encolhemos na cama, agarramos à existência, nos envolvemos em nossa própria vida[43].

---

42. Cf. JASPERS, K. *Philosophie II. Existenzerhellung.* 4. ed. Berlim, Heidelberg, Nova York: Springer, 1973, p. 196.

43. Cf. *Vom Sinn der Angst. Wie Ängste sich festsetzen und wie sie sich verwandeln lassen.* 7. ed. Freiburg im Breisgau: Herder, 2014.

Nessa situação de ameaça, nós lutamos por nossa existência, por nossa identidade. Situações de grande medo são situações em que sentimos corporal e mentalmente que existe algo como uma identidade pela qual devemos lutar.

Na prática, isso é feito junto com outra pessoa útil. O desenvolvimento da identidade precisa ser compreendido a partir da relação. E podemos abrandar o medo junto com um "você". É uma experiência cotidiana: nós nos amedrontamos, mas quando estamos com outra pessoa – desde que não tenhamos medo justamente dela – somos essencialmente mais corajosos. Falar sobre o medo o atenua e abre caminho para a reflexão e novas ideias. Reflexão: Estou sendo realmente ameaçado? O que está realmente sob ameaça? O medo tem a tendência de se espalhar por tudo, e então nada mais funciona, tudo é assustador – é sensato olhar mais de perto essa situação. E isso ocorre melhor com alguém que não está tomado por esse medo.

Aqui não se trata apenas da ameaça dos limites, como no caso da raiva, embora isso também seja relevante, mas o ponto principal é a ameaça contra mim mesmo, contra toda a minha identidade. No medo, nossa criatividade, incluindo a criatividade para lidar com situações problemáticas, fica paralisada. Quando nos desamedrontamos, talvez, por exemplo, ao substituir por outro um valor que está em causa – posso perder a reputação numa situação, mas é muito melhor do que perder a vida –, então temos novamente ideias sobre como lidar com os problemas geralmente muito concretos. Não dar tanto poder às outras pessoas, à situação mundial, e sim se empoderar é algo que pode ajudar. Ainda assim, podemos fracassar, mas pelo menos buscamos soluções.

Não apenas outras pessoas podem nos ajudar a superar o medo. Podemos também evocar lembranças de como já encontramos soluções em situações de medo no passado; se não tivéssemos conseguido, possivelmente não teríamos sobrevivido. Podemos procurar em nossa vida situações que nos ajudaram a sobreviver, buscar recursos.

No medo, experimentamos nossa identidade inicialmente no modo de impotência, que pode despertar a consciência de que devemos nos responsabilizar por nossa identidade e defendê-la: diante de um grande medo, sentimos que, se cedermos a ele, perderemos a oportunidade de sermos nós mesmos. A coragem de enfrentar o medo é também a coragem de ser si mesmo. Para isso, precisamos novamente da raiva e da agressão. Não somos mais vítimas, mas também não simplesmente agressores; em vez disso, estamos moldando nossa vida apesar da ameaça[44].

Alegria

Na alegria, vivenciamos nossa identidade no modo do receber e aceitar, mas também no modo do vínculo com os outros.

Imaginamos uma situação em nossa infância em que vivenciamos grande alegria, ou também um orgulho alegre.

---

44. Cf. KAST, V. *Abschied von der Opferrolle. Das eigene Leben leben.* Freiburg im Breisgau: Herder, 1998 ([15]2014).

Também podemos pensar numa grande alegria atual, talvez até mesmo num antegozo. Como a representação dessa emoção muda o sentimento e o estado de espírito? Imaginar uma situação da infância é particularmente adequado porque as crianças não controlam as emoções da alegria, podem se alegrar sem restrições, e com essa imagem podemos nos inspirar nessa alegria exuberante que tivemos como crianças.

Quando nos alegramos, estamos no modo do receber. Estamos recebendo algo, o mundo nos dá algo. Isso também faz parte da nossa experiência de identidade: Algumas coisas simplesmente nos são dadas. Quando nos alegramos, ficamos agitados, alegremente agitados – especialmente no antegozo. É uma forma completamente diferente de agitação em comparação com o medo; é uma agitação alegre.

Quando nos alegramos, ficamos leves, pulamos, nossos movimentos tendem a ser ascendentes e expansivos. Quando nos alegramos, os cantos da boca se elevam, sorrimos ou começamos a rir. Sorrir é mais o reflexo da alegria, rir pode ser o reflexo de agressão ou irritação. Os olhos brilham, muitas pessoas começam a cantar quando estão felizes, crianças muitas vezes cantam bem alto e um pouco desafinadas. A alegria tende para o alto – e o canto também. Todos temos acesso aos sistemas emocionais básicos e aos sentimentos que deles surgem; mas a expressão desses sentimentos é moldada pela educação ou pela autoeducação. Além disso, os adultos têm a tendência de mostrar pouco a alegria. Controlamos a alegria, provavelmente para não despertar inveja.

Alegria, alegria misturada com orgulho, orgulho alegre – esses são sentimentos contra a gravidade da Terra. Nem tudo é trágico, nem tudo precisa ser conquistado com dificuldade; às vezes, recebemos o melhor como um presente, podemos nos permitir ficar contentes e expressar isso com saltos.

O que desencadeia a alegria? A alegria com a alegria dos outros desencadeia alegria, e isso está ligado aos atos de dar e receber. Para muitas pessoas, é mais importante encontrar um presente bonito e apropriado para alguém do que receber um. Desencadear alegria, por sua vez, desencadeia alegria. A alegria aumenta quando é compartilhada. Alegria com a alegria dos outros provoca um ciclo de alegria. Estamos no modo de dar e receber e nos sentimos ricos. O encontrar no sentido mais amplo – ou até inventar algo, isso também é uma forma de receber – desencadeia alegria. As pessoas também se alegram com um desempenho surpreendentemente bom, com a expressão de eficácia própria, não apenas em si mesmas, mas também nos outros – desde que a inveja não interfira. Criar algo juntos, brincar juntos, falar, trabalhar juntos para que algo novo surja: isto desencadeia alegria. Ter tempo, poder se dedicar a algo concentradamente, então ficar estimulado, movido pela arte, música, livros, palestras, natureza etc. – tudo isso é "receber".

Olhares amigáveis, toques amorosos desencadeiam alegria. Isso também penetra profundamente no relacionamento. Também ficamos felizes quando passa o sofrimento, quando a dor desaparece.

Fundamentalmente: a alegria surge quando a vida é surpreendentemente melhor do que o esperado, mais bela, mais harmoniosa. Este modo de receber é importante para mim, porque a vida nesta emoção é compreendida como uma dádiva. Não é necessário soltar, abrir mão de algo, como no luto ou numa separação; não é necessário lutar como na raiva, não é preciso se proteger e se encorajar como no medo, nem se esconder como na vergonha; podemos simplesmente ser e desfrutar.

O efeito psicológico da alegria é: estamos em concordância conosco mesmos e com o mundo, com os outros. Concordamos com nossa identidade na convivência com os outros e com o mundo. Nossa própria identidade não nos é consciente, não precisamos mudar nada nela – simplesmente está tudo bem. Também temos autoestima equilibrada, nem precisamos perguntar por que as coisas são naturalmente boas nessas situações. Somos significativos sem ter de realizar algo significativo, temos total confiança em nós mesmos e nos sentimos autoeficazes. E porque estamos em concordância conosco, com nosso mundo interior e com o mundo, surge um vínculo amigável com os outros. Isso é o que é censurado nas pessoas alegres: que, quando estão felizes, tornam-se irmãos e irmãs dos outros com incrível rapidez, perdem o senso crítico. Mas isso também pode ser visto de outra maneira: esse vínculo amigável provoca solidariedade, disposição para ajudar e, claro, amabilidade, um olhar amigável um para o outro. Temos um bom sentimento de autoestima sem ter de fazer algo impressionante. Estamos em concordância com o que somos no momento e com o que os outros nos espelham. E somos autoeficazes, estamos convencidos de que podemos moldar a vida, que podemos encontrar soluções até mesmo para problemas difíceis. A vida é experimentada como repleta de sentido, temos energia para criar algo – em virtude da alegria e não da raiva.

Isso é tão importante para mim porque a alegria neutraliza o medo; na alegria, também não esperamos nada de ruim – às vezes podemos ser realmente ingênuos –, mas a alegria é o antídoto para esses temores conspiratórios predominantes, para a paranoia.

Diante de dificuldades, sempre procuramos soluções. Nossas emoções contêm muitos estímulos que nos indicam maneiras de lidar com a vida. A maior questão é: Como entrar em contato com nossa alegria, com o antegozo e, em estreita conexão com isso, como entrar em contanto com o interesse? Nós nos alegramos com bastante frequência, mas não nos damos tempo para perceber isso. Simplesmente ignoramos. O que nos irrita é demorado: para lidar com a raiva, investimos muito tempo, e isso também é bom. No entanto, certamente seria mais útil e saudável dedicar mais tempo à alegria, revivendo repetidamente em nossa imaginação experiências que nos trouxeram alegria. As alegrias que experimentamos podem ser facilmente lembradas repetidas vezes. Quase sempre contamos uns aos outros o que nos trouxe alegria. Mas não podemos contar isso a alguém que é invejoso, porque a alegria será imediatamente arruinada. A alegre excitação será apagada – e nós nos sentimos esgotados. A alegria pode ser arruinada para nós, e isso dói. Mas se pudermos contar a alguém que se alegra sinceramente conosco, então a alegria será muito maior.

As emoções são contagiosas. Se algumas pessoas estão irritadas, de repente também ficamos irritados, embora estivéssemos com outro humor instantes atrás. Não temos motivo para ficar irritados e obviamente encontramos um com rapidez, mas a verdade é que fomos contagiados. E também podemos ser facilmente contaminados pelo medo: um grupo que está muito amedrontado emana essa disposição, e é difícil se livrar dessa atmosfera amedrontadora. É preciso conscientemente perceber a disposição, perceber as outras pessoas, entender por que estão amedrontadas e se distanciar disso por conta própria. Ser contaminado pela alegria seria muito bom e desejado. E isso também acontece: encontramos pessoas alegres ou simplesmente amigáveis que nos contagiam com sua alegria. Mas também podemos ser contaminados por nós mesmos: a pergunta sobre o que nos encheu de alegria ou orgulho alegre quando crianças nos leva à alegria da infância, e podemos entrar em contato com essa alegria, podemos presentificar essa alegria e nos contagiar com nossa própria alegria pretérita. Como crianças, experimentamos muita alegria, até mesmo crianças com uma infância difícil narram muitas situações de alegria – talvez precisamente em contraste com as dificuldades. Claro, aqui não devemos procurar o que não foi alegre e que pode ser facilmente encontrado, mas sim procurar conscientemente as alegrias e presentificá-las para nós.

Jaak Panksepp, o neurocientista afetivo que parte do pressuposto de que compartilhamos os sistemas emocionais básicos com os animais, acredita que muitas pessoas estão deprimidas porque vivem demais no sistema da raiva e do medo e consideram muito pouco os sistemas de alegria, o interesse e o jogo. Sua ideia é que todos os sistemas emocionais deveriam ser acionados, que as diferentes emoções poderiam se compensar umas às outras, criando assim um equilíbrio. Unilateralidades surgem de unilateralidades nas famílias de origem, quando, por exemplo, há um excesso de medo e raiva, e as crianças são, por óbvio, emocionalmente contaminadas. A ideia de compensar essas unilateralidades faz sentido e é defendida por muitas escolas de psicoterapia. C.G. Jung vê como uma razão para as dificuldades psicológicas o fato de que a vida se tornou muito unilateral. E essa unilateralidade pode se apresentar muito no fato de que apenas certas emoções e sentimentos são vividos, enquanto outros, como a alegria, recuam para o segundo plano. Mas não são apenas as famílias de origem que favorecem sistemas emocionais unilaterais, mas também a sociedade em que cada um está inserido. Por exemplo, a alegria foi, por muito tempo, rejeitada por ser considerada uma emoção sem importância, algo romântico – atualmente, ela é quase exigida, o que também não é particularmente benéfico.

Gratidão

Das emoções e sentimentos predominantes também se desenvolvem atitudes: Da alegria e da convicção associada de que a vida também pode ser melhor do que esperado, de que também podemos receber algo, também de outras pessoas, pode surgir uma atitude de gratidão – gratidão não por obrigação, não porque *devemos* ser gratos, mas gratidão por alegria. No modo da recepção, ficamos felizes com presentes inesperados, com experiências que nos enriquecem, nos alegram, e então somos gratos por isso. Refletimos pouco sobre a gratidão, mas agimos gratamente. Ficamos felizes com algo e expressamos isso com um gesto de alegria – como um sorriso radiante –, e então se segue uma interação sorridente, amigável, às vezes um toque suave ou um abraço. Todos esses gestos dizem mais ou menos: "Quero que saiba que você é a causa da minha alegria, e por isso lhe agradeço com minha alegria". Podemos também sentir e expressar gratidão de forma mais consciente. Podemos ser gratos ao outro, à vida, mas também a nós mesmos.

Ser grato também significa admitir que não podemos fazer tudo sozinhos. Eu exprimo para os outros que sem sua contribuição, sem sua entrega, eu estaria em pior situação, que eles ajudam a proporcionar uma boa vida. E agora podemos também expressar isso de forma generosa e, assim, causar alegria ao outro; ou podemos ser mesquinhos em nossa expressão de gratidão, talvez também porque achemos que sempre recebemos muito pouco, mesmo quando recebemos algo.

A gratidão tem uma relação com a satisfação com a vida. Ao trabalhar psicoterapeuticamente com pessoas que sofreram uma grande perda, faz uma grande diferença saber se essas pessoas conseguem perceber, ao longo do tempo, quanto são gratas pelo que houve de bom e estimulante na relação perdida.

Luto

O luto é a reação emocional a uma perda. Quando estamos de luto, estamos no modo do deixar ir. Não estamos apenas tristes; o luto é um processo emocional complexo. Se perdemos alguém importante para nós, ou se tivemos de abandonar algo significativo na vida, então temos uma crise de identidade. Essa crise está relacionada ao fato de que nós, humanos, crescemos juntos. Se estamos ligados a outra pessoa por mais tempo ou de forma mais intensa, não se trata apenas da identidade de nós mesmos, mas também da identidade na relação. Não se trata apenas do si-mesmo próprio, mas também do si-mesmo da relação. Esse si-mesmo da relação com essa pessoa específica chega a um término quando essa pessoa não está mais em nossa vida. Se tivermos de lidar com a perda de alguém importante para nós, precisaremos deixar essa pessoa ir, precisaremos soltá-la. Estamos no modo do precisar soltar, no modo do ter de entregar, o que é o oposto da alegria. Psicologicamente, precisamos nos reorganizar de um si-mesmo da relação de volta para um si-mesmo individual, e este é um momento muito importante em nossa experiência de identidade: quem sou eu quando não estou mais com essa pessoa?

O si-mesmo da relação não é apenas o meu si-mesmo, nem apenas o si-mesmo do outro, mas é um si-mesmo conjunto, que surge na relação vivida e que também muda com a relação. O si-mesmo da relação é um constructo, é o aspecto da identidade produzido pela relação engajada e recíproca com outra pessoa. É uma expressão da relação amadurecida – e também do tipo de relação – na psique do indivíduo. Isso significa: cada pessoa tem um diferente si-mesmo da relação.

Quando morre a pessoa importante para nós, perdemos a relação, e assim o si-mesmo da relação chega a um fim, não podendo mais se desenvolver, porque a relação não pode mais ser levada adiante.

O si-mesmo da relação surge pelo fato de que as pessoas relacionadas olham uma para a outra. Nos olhos do outro, vemos a nós mesmos; na visão do outro, vivemos, nos sentimos confirmados, questionados, vistos como algo especial. Cada pessoa nos olha de uma maneira muito especial. Ninguém mais nos olha tal como a pessoa falecida nos olhava – e, portanto, também nos via. Outras pessoas nos olharão de maneira diferente, mas não mais da mesma maneira. Com esse ver o outro, e ser visto pelo outro, está ligada uma vivificação mútua de partes da personalidade ao longo do tempo[45]. O si-mesmo da relação é dinâmico, muda com o tempo e com a relação.

---

45. Cf. KAST, V. *Paare*. Op. cit.

O si-mesmo da relação é formado pela vivida relação eu-tu, especialmente pela percepção recíproca e pelo sutil, embora significativo, asseguramento da identidade individual de cada um no desenvolvimento[46]. Cada um dos dois vivencia esse si-mesmo da relação a partir da própria perspectiva, mesmo que ele seja vivenciado como "comum". Obviamente, num relacionamento estreito, também existem partes do si-mesmo que são pouco ou nada influenciadas por essa relação. Mas uma relação a dois também sempre implica não negligenciar a individuação própria, o ser si mesmo. Pois no processo de luto, num processo demorado e doloroso, devemos nos referir de volta ao si-mesmo próprio de tal modo que possamos integrar em nossa vida o máximo possível daquilo que cresceu e foi vivificado na relação.

Obras realizadas em conjunto são expressão do si-mesmo da relação. Isso pode incluir filhos, empreendimentos, algo que foi construído e moldado em conjunto, planos, ideias que também apontam para o futuro: "O que iremos realizar juntos, o que iremos formar juntos?" E realmente juntos, um com o outro – pelo estímulo, pelo desafio mútuo. Talvez também tenhamos criado coisas nas quais o parceiro teve pouco ou nenhum envolvimento – isso era então algo exclusivamente nosso, pertencente ao nosso si-mesmo. Mas, na maioria dos relacionamentos, coisas também podem ser realizadas porque o casal se estimula mutuamente e porque há essa interação entre os parceiros.

---

46. Cf. KAST, V. *Trauern*. Op. cit., p. 188ss.

No entanto, o desenvolvimento do si-mesmo da relação nem sempre precisa estar associado a muito trabalho: a alegria com eventos culturais pode ocorrer porque ambos têm o interesse necessário para perseguir certa ideia. O si-mesmo da relação permite que projeções sejam mantidas por muitos anos sem a necessidade urgente de retirá-las. O marido que está convencido de que sua esposa é mesquinha, que sofre com isso, mas também aceita isso, constata, após a morte dela, que ele é absurdamente mesquinho.

Isso também se aplica às delegações: num relacionamento, muitas vezes fica claro quem é responsável por quais áreas da vida – e isso permanece assim: por exemplo, há o marido quase nonagenário que se dá conta que não sabe comprar presentes porque sua esposa sempre fez isso. Depois ele ainda aprende a fazê-lo, mas fica chateado pelo fato de sua esposa ter usurpado para si uma atividade tão bonita. Ele é forçado a admitir que por décadas considerou isso "coisa de mulher".

O si-mesmo da relação inclui – e este é seu aspecto mais importante – características e desenvolvimentos que, pela relação de amor, foram extraídos do outro.

Esse aspecto do si-mesmo da relação geralmente remonta ao período do apaixonar-se. Quando duas pessoas se apaixonam, elas veem as melhores possibilidades um no outro – e isso não precisa ser cegueira do amor, embora possa ser idealizante; ao contrário, são vistas as possibilidades de desenvolvimento que existem e que podem ser concretizadas ao longo da relação a dois. Isso é exemplificado por um homem que conta que, antes de conhecer a esposa, tinha um comportamento agressivo, era realmente "espinhoso", temido pelos outros e muito solitário. Então, ele conheceu sua esposa, que rapidamente lhe deixou claro que ele não precisava de modo algum dessa natureza espinhosa e que, de fato, era muito bom mostrar uma atitude corajosa perante os outros – ele tinha uma coragem maravilhosa –, mas que essa coragem, junto com a amabilidade que o caracterizava, já era suficiente... Seu medo agora é que, após a morte da esposa, ele possa voltar a ser "espinhoso". Mas ele não precisa. Não temos de abandonar o que foi vivificado em nós, extraído de nós pelo amor das pessoas com quem desenvolvemos um si-mesmo da relação. Podemos entender esse elemento como um aspecto de nossa identidade que, é verdade, devemos em grande parte a esse relacionamento, mas com o qual também podemos moldar o futuro.

Reorganizar-se de um si-mesmo da relação de volta para o si-mesmo individual – que também é, evidentemente, um si-mesmo alterado –, para uma nova identidade, sem perder completamente a antiga identidade: isso é a tarefa de desenvolvimento que emerge no processo de luto.

Como dificuldade adicional, ocorre com frequência o fato de que, para muitas pessoas, o parceiro ou a parceira que perderam era também a única figura de vínculo. A figura de vínculo é aquela a quem recorremos quando algo difícil acontece, alguém em quem podemos confiar, com quem podemos falar abertamente, incluindo sobre sentimentos que não compartilhamos facilmente com outras pessoas. Se tivermos várias figuras de vínculos, então nos encontramos numa rede de cuidado. Pessoas que se concentraram numa só figura de vínculo não perdem apenas uma pessoa, mas também a pessoa com quem podiam se tranquilizar. Isso ocasionalmente leva, entre outras coisas, a processos de luto complicados.

No processo de luto experimentamos muitas emoções diferentes: somos muito mais do que apenas tristes, sentimos medo, raiva, culpa, mas também alegria e misturas de algumas emoções. Isso significa que, se partirmos do pressuposto de que cada emoção predominante e os sentimentos a ela associados nos levam a reconsiderar e mudar certos aspectos da identidade, então muitos aspectos da identidade são retrabalhados no processo de luto.

Chegamos ao si-mesmo próprio, à nova identidade, por meio, entre outras coisas, de histórias que gostamos de contar durante o processo de luto. Os enlutados narram como viveram com o parceiro, a parceira falecida, contam experiências animadoras ou também típicas que tiveram juntos, falam sobre si mesmos e sobre a outra pessoa, incluindo os momentos difíceis. Nessas histórias, quando bem contadas, isto é, de maneira imaginativa e cheias de sentimentos, torna-se gradualmente vivenciável o que foi perdido, mas também o que cresceu no relacionamento, o que não precisa ser abandonado, mas sim vivido de uma forma diferente.

Algumas pessoas não falam de um "tu" e de um "eu", mas apenas de um "tu"; o eu na relação – e, portanto, a identidade no relacionamento – parece ter sido totalmente determinado pelo parceiro: "Sim, e então estávamos na Itália. E meu marido falava italiano tão bem. E então ele começou a gracejar com todo mundo. E era uma atmosfera maravilhosa..." etc. E em algum momento, como terapeuta, você pergunta: "Você também estava lá?" A pergunta sempre é: Realmente um "eu" e um "tu" estavam lá? E para algumas pessoas, é necessário perguntar repetidas vezes: "E você onde estava?" Essas são as pessoas que estão dispostas a abrir mão da identidade pelo outro.

Existe também o oposto: só havia eles mesmos no relacionamento, e eles falam sobre todas as coisas espetaculares que estimularam. Isso pode levar a dificuldades no processo de luto.

Fundamentalmente, no processo de luto, lamentamos a necessidade de soltar, mas devemos fazê-lo de tal maneira que o que recebemos no relacionamento também seja reconhecido e continuamente valorizado. Gratidão e dor são vivenciadas simultaneamente. O que do si-mesmo da relação, o que do relacionamento conjuntamente moldado pode ser um aspecto de uma nova identidade?

O processo de luto é um processo de mudança de identidade, um processo difícil, emocionalmente desafiador e duradouro. No entanto, os enlutados que enfrentaram esse processo também descrevem as mudanças, são capazes de narrar o que mais ou menos constitui a nova identidade.

Crescer após um golpe do destino

Como é descrito esse crescimento após o enfrentamento de um golpe do destino?

Pessoas que passaram por um processo de luto falam claramente das mudanças positivas que notam em si mesmas com orgulho alegre. Elas são lançadas nesse processo de grande mudança. Uma enlutada disse em tom de queixa: "E ninguém me perguntou…" O destino não pergunta, ele desafia. Quando os enlutados sentem que se encontraram mais consigo mesmos, que estão separados do falecido, que muitas coisas despertadas ou cultivadas no relacionamento com a pessoa agora falecida foram integradas ao seu si-mesmo[47], então podem ser entendidos como "mais maduros". Assim como cada pessoa enlutada chora à sua maneira, os ganhos desse processo – apesar da dor – são expressos de maneiras únicas. No entanto, o ponto comum à maioria dos enlutados é o fato de sentir a dor intensamente, mas também poder perceber novas oportunidades que existem ao lado dela.

Como as pessoas percebem que se transformaram para melhor após uma situação de vida difícil?

Em termos gerais, as pessoas relatam que passaram a valorizar mais a vida do que antes, que ela se tornou mais preciosa, menos óbvia. Associada a essa experiência está a vivência de mais alegria. Ao perguntar mais detalhadamente, a resposta é: alegria pela natureza, pelas relações, pela cultura, pela perspectiva de um futuro promissor e por muitas

---

47. Cf. Ibid.

possibilidades ainda existentes. Isso também se manifesta em soluções concretas para problemas, em novos caminhos já escolhidos ou pelo menos considerados.

Após a crise, os relacionamentos com pessoas importantes são percebidos e vivenciados de maneira mais consciente, descritos como mais próximos e calorosos, e sentimentos de gratidão são mencionados. Isso acontece especialmente quando as pessoas, durante e após a crise, se dão conta de quanto foi útil trocar ideias com outras pessoas, mostrar-se aos outros em sua aflição e desamparo – e receber apoio. Isso muitas vezes vem ligado à expressão de como as relações com as pessoas são importantes, de quanto devemos a pessoas amigáveis e prestativas e de que também desejamos atentar para as necessidades dos outros.

Aqueles que, durante uma crise, tiveram a vivência de que não apenas outras pessoas, mas também seu mundo interior foi extremamente útil no enfrentamento de crises, desenvolverão também uma nova relação com ele, com a possibilidade de encontrar estímulos para lidar com dificuldades atuais a partir dos sonhos, ou simplesmente de ter uma vida interior vibrante que possa sempre compensar as grandes unilateralidades. Eles vão apreciar o fato de que, numa crise, competências internas como a regulação emocional – o lidar com emoções muito difíceis e avassaladoras – podem ser desenvolvidas mediante o trabalho com símbolos, por meio da imaginação ou da pintura, por exemplo.

Em essência, vivencia-se uma autoestima nova, melhorada e associada à experiência de maior autoeficácia, à sensação de poder produzir algo na vida e de enfrentar situações difíceis. "Eu superei isso, agora nada pode me derrubar tão facilmente". Essa autoestima aprimorada, não apenas relacionada a uma maior percepção de competência, mas também à vivência de coragem para a existência em geral, está ligada a uma consciência inabalável da própria vulnerabilidade, ao conhecimento de que tudo pode se transformar rapidamente.

Todas essas mudanças levam a estabelecer outras prioridades, a reavaliar o que realmente é importante na vida, e isso associado a uma nova relação consigo mesmo e com o mundo.

Questões existenciais emergem: Qual é o sentido da vida? Mas também: Que significado quero atribuir à minha vida, diante de doença, morte, destruição? A desafiadora experiência de vida é incorporada à biografia, à história de vida pessoal, como uma experiência que moldou e constitui a identidade própria de maneira significativa. Algumas pessoas concluem que a vida não tem sentido e que, no entanto, podem dar sentido à própria vida, justamente por meio das experiências vividas. Todas essas reflexões convergem para a pergunta sobre qual perspectiva adotar no futuro. A busca pelo sentido leva as pessoas a reconsiderar sua espiritualidade ou, pelo menos, a se questionar espiritualmente[48].

---

48. TRIPPLET, K.N.; TEDESCHI, R.G.; CANN, A.; CALHOUN, L.G.; REEVE, C.L. Posttraumatic growth, meaning in life and life satisfaction in response to trauma. In: *Psychological Trauma: Theory, Research, Practice and Policy*, 2011. American Psychological Association. Doi: 10.1037/a0024204, p. 1.

Inveja

Quando estamos com inveja, vivemos no modo da comparação, nós nos comparamos com os outros e, na verdade, gostaríamos de ser uma outra pessoa, porque ela parece estar em melhor situação. Da comparação com os outros, surge a consciência de nossa identidade, de nossa diferença em relação ao outro. Quando sentimos inveja, não vemos que somos *diferentes* tal como somos, mas nos enxergamos na perspectiva de *melhores* e *piores*, e a comparação nos coloca em desvantagem. Quando invejamos, somos dominados pela convicção de que "sempre" saímos perdendo e sempre sairemos. Por outro lado, as pessoas que invejamos têm tudo, tudo lhes acontece sem esforço, como se a Grande Mãe tivesse derramado sua cornucópia sobre elas: têm sucesso em tudo, tudo podem, são mais rápidas, são melhores – embora não mereçam, e isso é extremamente injusto. A esse sentimento de injustiça se acrescenta a convicção interna, quase compulsiva, de que nós mesmos deveríamos ter tudo isso, poderíamos ter também, se o invejado não nos tirasse a luz. Isso se conecta à raiva e à vergonha inconfessa, que diminuem ainda mais o sentimento de autoestima.

A convicção de ficar aquém, a compulsão interna de ter de se igualar aos outros ou superá-los, sem ser capaz de fazê-lo – porque também a visão sobre o outro é irrealisticamente exagerada –, atormenta o invejoso. Na inveja, estamos no modo da comparação, do ser despojado e atormentado.

Qual é o sentido da inveja? A inveja é um questionamento a si mesmo: Estou fazendo o suficiente com a minha vida? Até que ponto a inveja me assusta? A comparação também pode fazer que o olhar sobre mim mesmo seja afiado. O que há de especial em mim, o que eu aprecio em mim? Quando não sou invejoso, mas generoso – ninguém é totalmente invejoso –, com o que estou satisfeito?

Precisamos aceitar certos fatos sobre nossa identidade e tomar uma postura em relação a eles. Há simplesmente fatos, como a família em que nascemos e a época em que nascemos, a situação política. São fatos que não podem ser alterados. É o que é, mas podemos ter uma postura em relação a isso. Esses fatos explicam algumas coisas sobre a pessoa que nos tornamos, mas sempre têm também um potencial não utilizado. Ver isso exige olhar de outra maneira: obviamente, sempre falta alguma coisa, mas sempre também é possível alguma coisa.

E a inveja nos põe essa pergunta: A pessoa que invejo está fazendo algo que eu também poderia fazer, talvez de uma forma modificada, se eu tivesse coragem? Esta é a pergunta pelos potenciais ocultos. Às vezes, também é necessário corrigir uma autoavaliação equivocada. Às vezes, temos uma ideia muito grandiosa de nós mesmos, o que também é um aspecto da identidade. Se passarmos muito tempo com ideias grandiosas sobre nós mesmos que não podem ser concretizadas, as exigências em relação a nós mesmos ganham uma dimensão excessiva. Um exemplo: você pode tocar piano muito bem, mas não seguiu uma carreira artística. Secretamente, você pensa que é realmente melhor do que muitos que são celebrados, e fica com inveja, insatisfeito e, por consequência, extremamente crítico em relação aos virtuoses do piano. Você simplesmente não consegue apreciar quando alguém toca maravilhosamente, nem pode admitir que isso é algo especial. Você é corroído pela inveja. Isso requer uma correção na autoimagem: você pode ser muito bom no piano, mas simplesmente isso não é suficiente para uma carreira de pianista. E se você parar de se comparar com alguém com quem você simplesmente não pode se comparar, então poderá se alegrar com o que pode fazer e também será capaz de se alegrar com realizações extraordinárias dos outros.

Quem sente inveja, experimenta – diante de outra pessoa que tem, que pode, que recebe algo – um desejo súbito e doloroso de ter também aquilo que está perturbando sua tranquilidade. Esse desejo nos faz sentir uma falta em nós mesmos, nos comparamos com os outros e ficamos sob a impressão de que estamos sendo injustamente prejudicados. Nossa autoestima pode ser desestabilizada de um momento para outro: nós nos sentimos em retrocesso, paralisados – e ao mesmo tempo sentimos a necessidade de pelo menos ser tão bons, tão bem-sucedidos quanto os outros.

A qualidade da inveja depende, portanto, essencialmente do sentimento do autovalor e, ligado a este, do sentimento do ser, da identidade. Ela depende de como esses sentimentos se tornaram habituais ao longo da vida, mas também de como a situação de vida atual se apresenta. Quanto mais autônomos pudermos ser e quanto melhor estivermos conectados em relacionamentos, quanto melhor pudermos viver nosso si-mesmo original ou nosso verdadeiro si-mesmo, mais consolidada será nossa autoestima, mais realista e benevolente será nosso autoconceito, e menos precisaremos alimentar a inveja destrutiva[49].

A inveja mata a alegria e, com ela, a autovivência feliz. Então vamos nos comportar de maneira a realmente não receber mais nada da vida. Permitir a felicidade e o sucesso dos outros é benéfico.

Vergonha

Na vergonha, estamos no modo do ser vistos e do ver. Estamos sob o olhar dos outros e somos olhos para os outros. Quando sentimos vergonha, presumimos que o outro nos olha com olhar malicioso, crítico, que nega o que somos, o que fazemos. Sob esse olhar causador de vergonha, nosso sentimento de autoestima se desfaz. E então nos fazemos a pergunta fulcral: Quem sou eu? Em minha opinião, a análise do olhar de Jean-Paul Sartre é esclarecedora nesse caso. Sartre descreve em sua autobiografia, *Les Mots* (*As palavras*), uma experiência que o levou à vergonha[50]: na infância, ele vivenciava os adultos como muito atentos para as ações da criança, observando

---

49. Cf. KAST, V. Über sich hinauswachsen. Op. cit., p 43.

50. SARTRE, J.-P. *Die Wörter. Autobiographische Schriften*. Reinbek bei Hamburg: Rowohlt, 1956 (2012), p. 48s.

criticamente seu comportamento. E então ele acrescenta: mas, mesmo quando os adultos não estão mais no mesmo espaço, quando estão do lado de fora, os olhos permanecem presentes. A vivência dessa criança é a de que ela está sempre sob a vista, sob os olhares examinadores dos adultos, seja de maneira real ou porque a criança internalizou esses olhares críticos, vivendo sempre sob esses olhares críticos.

Sob esses olhares críticos, de acordo com Sartre, o sentimento de autoestima desmorona. Ele então precisa ser restaurado. Podemos tentar ser excepcionalmente perfeitos para que ninguém veja em nós algo que não esteja em ordem. Ou podemos simplesmente nos esconder e esperar não sermos descobertos pelos olhos dos outros. Ou podemos ficar enraivecidos e lutar, na melhor das hipóteses – na pior das hipóteses, nos tornamos destrutivos. Jean-Paul Sartre resolveu o problema declarando que os olhos dos outros não têm nada a ver com ele, que o que os outros pensavam dele não o afetava. Essa argumentação desvaloriza o relacionamento.

Eu gostaria de argumentar com os olhos amigáveis de Levinas. Levinas[51], também um filósofo francês e contemporâneo de Sartre, argumentou que muitas vezes também somos olhados com olhos amigáveis e que nos sentimos aceitos, valorizados. Mas também podemos sentir vergonha quando as pessoas nos olham amigavelmente, porque, mesmo no olhar amistoso do outro, sentimos que ultrapassamos nossos limi-

---

51. LEVINAS, E. *Totalität und Unendlichkeit*. Freiburg im Breisgau: Albers, 1993 (2003), p. 122.

tes. A vergonha nos mostra nossas limitações, que muitas vezes também são as limitações da comunidade em que vivemos. Não existem apenas olhos críticos, existem também olhos amigáveis. Nós mesmos podemos nos olhar de maneira malvada e crítica, mas também podemos aprender a nos confrontar com olhares amigáveis e críticos. Obviamente, aqui se levanta a pergunta: Na infância, fomos olhados de maneira amigável e crítica, ou apenas crítica ou apenas amigável? E então deveremos ou poderemos aprender o olhar que está faltando.

Na emoção e no sentimento de vergonha, nós nos vivenciamos no modo do ser visto pelos outros, mas também por nosso próprio olhar – seja positivo ou negativo. Trata-se, em ambos os casos, da avaliação de nosso ser-assim. E o sentimento de vergonha indica uma ruptura em nossa compreensão de nós mesmos. Onde algo nos envergonha, ali há um tema que nos diz respeito.

Emoções e sentimentos sempre se referem a um aspecto específico do ser si-mesmo e do ser-no-mundo – nossa identidade atual. Emoções nos orientam, geram atitudes; emoções nos mostram o que é relevante em termos de identidade. Nesse processo, não pensamos em nossa identidade, mas ela está sempre sendo construída, e as emoções indicam a direção. Ao nos concentrarmos nas emoções, nos sentimentos, esse foco oferecerá continuamente um impulso para a mudança em direção de um melhor equilíbrio entre nós e o mundo.

8
A identidade sob a perspectiva da simbologia

Quando empregamos diferentes pontos de vista para observar o desenvolvimento da identidade ao longo da vida, também falamos de um caminho em direção a nós mesmos. Identidade, desenvolvimento de identidade constituem um processo de mudança, cujo objetivo pode ser tornar-se quem eu sou, mas ainda nunca fui. Partimos do pressuposto de que há algo como um cerne humano, ligado às emoções e ao corpo e que contém potencialidades, possibilidades – não todas, mas muitas delas. Possibilidades que nos são inerentes podem ser mais ou menos realizadas ao longo da vida. Aqui não se trata de um aumento contínuo de tudo. Ficou claro que, precisamente nas transições da vida, também precisamos abandonar, deixar morrer aspectos de nós mesmos. Há construção e destruição ao mesmo tempo: o desenvolvimento em direção à vida própria é dinâmico. Isso fica evidente no seguinte símbolo: podemos imaginar uma árvore, que também sempre tem alguns galhos que ficaram secos. Numa tempestade, esses galhos secos podem se quebrar. Para manter a árvore viva, podemos cortar esses galhos secos com uma serra.

Tornar-me aquele que sou, mas nunca fui, significa que não há um momento específico em que posso dizer: "Agora conquistei minha identidade". Pode haver muitos momentos em que nos vivenciamos como idênticos a nós mesmos, em que temos um sentimento de autoestima inquestionavelmente bom e nos sentimos em ressonância com nosso entorno. Por um breve período, podemos nos sentir verdadeira e totalmente junto a nós mesmos e conectados com o mundo ao nosso redor. Então, também temos o sentimento de um profundo sentido na vida; nossa existência torna-se significativa. Em seguida, essas experiências se perdem novamente, outras emoções e sentimentos se tornam dominantes, geralmente em conexão com conflitos. Enfrentamos o desafio de nos ajustar novamente à nossa vida interior e às demandas das outras pessoas, e mais uma vez surge uma nova experiência em que estamos verdadeiramente em nós mesmos.

Pontualmente: equilibramos as necessidades de nossa vida interior e as do mundo exterior. Pontualmente: algo não condiz comigo, estou fazendo algo que realmente me contraria, estou ficando irritado. E então a reflexão: Por que estou fazendo o que estou fazendo e o que me prejudica e me deixa com raiva? Estou fazendo isso porque quero pertencer a um grupo? Estou fazendo isso porque preciso? Em algumas áreas de trabalho, certa adaptação é simplesmente necessária. E essa demanda de adaptação pode estar sempre em certo conflito com nosso ser-assim próprio. Saber disso já pode relaxar a situação. Nem sempre é necessário mudar de emprego imediatamente, ou talvez isso não seja possível. Trata-se de um ajuste pontual. Às vezes, o conhecimento é suficiente; às vezes, é necessário realmente mudar a atitude.

O olhar para o futuro

Neste caminho em direção a si mesmo, há também um olhar para o futuro: Quem eu ainda quero ser? Quem eu gostaria de me tornar? Nós, seres humanos, possuímos uma grande imaginação, com a qual podemos antecipar o futuro, se tivermos a coragem de fazê-lo. O que eu ainda quero perceber na minha vida? O anseio aponta o caminho para isso. Para onde ainda vai o anseio? O anseio é expressão de que algo ainda está faltando. E sempre falta alguma coisa às pessoas até morrerem. E isso é maravilhoso, porque o fato de algo estar faltando também significa que ainda há algo pendente. A pergunta é: Pelo que eu realmente anseio, o que ainda poderia entrar na minha vida? E isso poderia completar minha vida – justamente em idades mais avançadas, as pessoas muitas vezes falam sobre arredondar a vida. Eles querem trazer para a vida algo que foi deixado de lado. Tínhamos falado, nesse contexto, dos possíveis "si-mesmos", sobre possíveis projetos centrais de vida: que coisa importante ainda está pendente para mim? Nesse contexto também é pertinente lembrar: nem tudo é possível. Certas coisas simplesmente têm de ser aceitas e toleradas. Por exemplo, tenho de aceitar que sou homem ou mulher. Mas não preciso aceitar as condições de vida determinadas para os gêneros; elas podem ser alteradas. E quem não é determinado em termos de gênero também deve aceitar essa não determinação.

Existe certa contradição: Eu também posso ser e me tornar outra pessoa, tenho a liberdade de me projetar no futuro – mas algumas coisas simplesmente têm de ser aceitas. No que diz respeito ao que é possível, a curiosidade, o jogo desempenham um papel, há movimentos de busca. E, às vezes, isso vem pelo estranho, vem pelo fato de que algo nos é estranho, nos incomoda, nos perturba e pode nos mostrar que justamente esse elemento perturbador também pode ainda ser uma possibilidade.

Símbolos do desenvolvimento da identidade

O processo de desenvolvimento da identidade como um processo de crescimento pode ser representado e vivenciado no símbolo. Do ponto de vista de C.G. Jung, a vida humana pode ser entendida simbolicamente: tudo o que experimentamos, representamos, moldamos, também aponta um fundo inconsciente, para além do nível concreto. Isso também se aplica à individuação e ao desenvolvimento da identidade: assim como – consciente ou inconscientemente – representamos nossa identidade em nossa aparência, nos interesses que mostramos, isso sempre aponta também para um processo interno do contínuo ter-de-se-encontrar, da incessante autodescoberta.

A palavra "símbolo" vem da palavra grega "*symballein*", que significa "lançar junto, unir". O símbolo, o "*symbolon*", é, com base na história conceitual, algo composto: a parte visível de uma realidade ideacional e também invisível. A consequência disso é: Tudo o que existe no mundo, tudo o que experimentamos, tem um significado mais profundo, aponta para algo no plano de fundo. Jung diz: "Um conceito ou uma imagem são simbólicos quando significam mais do que aquilo que designam ou expressam. Eles têm um aspecto 'inconsciente' abrangente, que jamais pode ser definido exatamente ou que jamais se esgota numa explicação"[52]. Símbolos são superdeterminados, ou seja, têm conexões com muitos conteúdos de sentido possíveis, de modo que podemos nos ocupar continuamente com um símbolo e jamais deixaremos de encontrar novos significados.

O símbolo e o representado nele têm uma conexão interna, não podem ser separados um do outro. O que está em primeiro plano e o que está em segundo plano estão interligados. Isso significa que o material é representado no espiritual; e o espiritual, no material. A distinção entre imanência e transcendência é superada no símbolo e no pensamento simbólico. Mitos, linguagem, ciência, religião, arte – cada

---

52. OC 18/1, § 417.

área da cultura nos é dada de forma simbólica. Os símbolos transportam e transformam emoções e conhecimentos[53]. Símbolos, especialmente também símbolos coletivos (arquetípicos), nos estimulam, nos movem internamente, emocionalmente, mas também dão forma às nossas emoções; eles as capturam. Isso provavelmente também é a razão pela qual as pessoas amam a arte, a literatura, histórias de todos os tipos, filmes. As pessoas parecem precisar das imagens e histórias arquetípicas para ter uma vida satisfatória, ou mesmo para regular a si mesmas emocionalmente, como, por exemplo, para sair do tédio, mas também para integrar algo que foi negligenciado na vida até então, para satisfazer necessidades intelectuais fundamentais. Os símbolos, que se transformam, em sonhos e na imaginação, também podem tornar visíveis as mudanças psíquicas.

A árvore: o vir-a-ser humano entre o céu e a terra

A árvore é um símbolo bastante utilizado na imaginação, em nosso envolvimento com o poder de imaginar. O símbolo da árvore faz que nos sintamos centrados. Nós reagimos em ressonância com o símbolo da árvore. Por quê? Como seres humanos, estamos intimamente ligados às árvores; mantemo-nos de pé como elas, respiramos o oxigênio que elas produzem, encostamo-nos em seus troncos, comemos de seus frutos. Mas também entendemos a árvore simbolicamente; ela expressa a essência do ser humano: humanos e ár-

---

53. OC 5, § 344.

vores têm uma figura ereta, que nos conecta; nós temos uma árvore genealógica. Com frequência, árvores são plantadas por ocasião do nascimento de uma criança; e quando morremos, somos deitados no caixão de madeira, ao lado do qual oram por nós. As árvores crescem em mudanças cíclicas e nos lembram que em nossa vida nem sempre pode ser primavera. As árvores permanecem num lugar fixo, enquanto nós, seres humanos, podemos nos mover. A árvore está enraizada, sua copa se estende em direção ao céu. Nós, seres humanos, também estamos entre a terra e o céu e falamos constantemente sobre nossas raízes. Humanos e árvores crescem de maneira semelhante, mas as árvores geralmente vivem mais do que nós, humanos, e nos dão esperança de duração. E sabemos: as árvores não crescem até o céu.

Agora, se imaginarmos uma árvore, que tipo de árvore nos vem à mente? Onde ela está? Como ela se parece? Talvez seja uma árvore que nem existe no mundo real. Que estação do ano imaginamos? Podemos dar espaço à árvore na imaginação, para que a imaginação e, com isso, a árvore imaginada, possam se desenvolver plenamente. E podemos nos perguntar o que essa árvore tem a ver com nossa identidade atual, com nossa posição no mundo.

Quando projetamos na árvore a pessoa que nos tornamos e nosso próprio vir-a-ser, surge inicialmente a questão: O que devemos aceitar? De fato, há uma semente que caiu em algum lugar. Mas não está de maneira alguma garantido que uma árvore surgirá dela. Existem pesquisas mais recentes que mostram que é necessária uma quantidade incrível de sementes até que uma árvore nasça delas; é mais uma questão de sorte quando uma árvore realmente cresce a partir da semente. Existimos, e isso – em analogia com a árvore – é uma questão de sorte. Fomos concebidos, criados numa família em algum lugar. A árvore está enraizada na terra. Em solo bom? Em solo rochoso? Como foram nossas primeiras raízes? E mesmo quando a árvore cresce, tempestades podem causar-lhe danos, animais podem roê-la. A árvore e seu enraizamento podem ser um símbolo de aspectos essenciais de nossa transformação no que somos; um símbolo de aspectos de nossa origem. As limitações também ficam claras: de uma semente de tília não pode crescer um carvalho – trata-se do cerne de nossa identidade. A terra em que nos enraizamos pode ser melhor ou pior. Isso é o que temos de aceitar.

Constantemente nos perguntamos onde estamos enraizados – esta é uma forma inicial de pertencimento, que nos proporcionou segurança. Mas não somos árvores. Podemos nos mover pelo mundo. Não estamos fixos, podemos nos enraizar, podemos nos desenraizar e nos reenraizar. Pessoas que foram frequentemente desenraizadas sabem que é possível se reenraizar, mas ainda se referem à sua primeira raiz. Parece que nenhuma raiz é como a primeira. E o local de nossa infância também está ligado à primeira raiz. A identidade surge de relações, e nesse caso geralmente pensamos em pessoas. Mas a relação não é apenas com as pessoas, mas também com os animais, com a região em que crescemos, com as histórias que são contadas lá, com as canções que são cantadas. Se a criança não foi constantemente desenraizada, mas viveu por algum tempo num lugar específico, então também surge uma relação com o lugar. Ele também faz parte de nossa identidade, ele a moldou. Isso se manifesta quando nos apresentamos, dizendo: "Eu sou do lugar tal". Para uma criança, é o primeiro lugar com o qual formou vínculos, a primeira terra – e não menos importante, também a primeira comida. Quem não conhece a ocasional saudade de um prato da infância!

Essa identidade formada na infância está naturalmente ligada a pessoas, inicialmente à nossa própria família, mas também a outras. Mas também está ligada a lugares, a comidas, ao mundo da época, às brincadeiras com outras crianças. Pátria. Mas também o sentimento de pátria muda ao longo da vida. É o lugar onde nasci, de onde venho, ao qual me sentia inquestionavelmente pertencente, onde sabia como me comportar. Esses sentimentos podem ser transmitidos até certo ponto. Por isso, os migrantes podem nos dizer: "Pátria é onde me sinto pertencente e onde sinto que posso viver em segurança". Precisamente porque muitas pessoas estão em busca de uma pátria, somos levados a perguntar se realmente existe algo como ser "unipátrida"? Ou existem pessoas "polipátridas"? Esses são novos termos que estão sendo cunhados no momento. Mas mesmo sem ser migrante, posso me perguntar: "Eu tenho apenas *uma* pátria?" Naturalmente, podemos ter várias pátrias, podemos nos sentir pertencentes a diferentes lugares, nos entender em ressonância significativa com diferentes lugares e áreas de vida. Alguém pode dizer, por exemplo: "Minha pátria é a língua". Também aqui há um desenvolvimento: quando crianças, nós nos sentimos pertencentes à família de origem. Depois nos desligamos dessa família de origem, mas ainda nos sentimos pertencentes, talvez à região de onde viemos – e tudo isso se expande: as pessoas, o pertencimento, as regiões. E algumas pessoas também se sentem "cidadãs do mundo". A saudade de casa é provavelmente o anseio pelo familiar que está faltando no momento. Mas a saudade de casa também pode ser entendida como o desejo de se sentir "em casa" junto a si mesmo, como o desejo de uma identidade segura, de estar junto a si mesmo.

Ao contrário da árvore, o ser humano pode se enraizar em muitos lugares diferentes. No entanto, o grande desejo de enraizamento também mostra que estamos sempre na busca de pessoas e lugares que sejam pátrias para nós – relações vitais nas quais nos sentimos pertencentes, pessoas que dão importância às mesmas coisas que nós. E nos sentimos pertencentes aos lugares onde pessoas com histórias semelhantes cresceram. A pátria única, a pertença unívoca somente a essa primeira pátria, ainda poderia condizer com "o teatro do mundo" de Calderón, onde cada pessoa recebe justamente apenas um único papel na vida. Mas até mesmo uma simples transição na vida pode levar alguém a ter de se enraizar em novo local.

Quando se pergunta a pessoas originalmente refugiadas e que já vivem conosco há mais tempo como conseguiram se enraizar novamente, elas dizem que isso sempre tem a ver com as pessoas, com indivíduos amigáveis e prestativos, com um olhar amigável e aceitador. Dizem que o fato de serem questionadas com interesse a respeito de sua história, mas também sobre sua cultura, as ajudou. Contam-se histórias, compartilha-se comida. Mas outra ajuda ocasional veio do fato de que o novo país se assemelhava ao país do qual essas pessoas estavam fugindo. "O interesse por nós foi importante", diz um tibetano. Antigamente, as pessoas ficavam tanto fascinadas quanto amedrontadas com os estrangeiros. Fascinadas, porque o estrangeiro trazia algo desconhecido do mundo estrangeiro. Amedrontadas, porque não sabiam com que intenções o estrangeiro se aproximava deles. O estranho sempre é um pouco sinistro. Esses dois estados emocionais em relação aos estrangeiros e ao estranho ainda podem ser detectados. Hoje, no entanto, há inicialmente um grande medo, mas assim que relacionamentos pessoais se formam, o medo desaparece e então podemos nos perguntar novamente: Que coisas novas os estrangeiros nos trazem? Isso também pode ser desafiador[54].

Raízes e asas: segurança e liberdade

Ter identidade não significa apenas estar enraizado – somos mais do que uma árvore, também precisamos de asas para mudanças, para inspiração, para liberdade e vitalidade. Com asas, podemos alçar voo, nos aproximar dos alvos de

---

54. Cf. KAST, V. *Wider Angst und Hass. Das Fremde als Herausforderung zur Entwicklung.* Ostfildern: Patmos, 2017.

nosso anseio – asas como símbolo de pertencimento à região dos céus, como expressão da possibilidade de elevar-se acima da gravidade terrestre, de ser atraído pela vastidão, pela liberdade. Ambos, raízes e asas, são necessários para nossa humanidade, como é claramente ilustrado pelo poema de Juan Ramos Jiménez:

> Raízes e asas
> Mas que as asas enraízem.
> E as raízes voem[55].

Vitalidade e liberdade são possíveis porque também estamos enraizados, protegidos. Inversamente, o voo do anseio dá ao enraizamento a certeza de que nós, seres humanos, também estamos destinados à vastidão, que a vida sempre pode ser diferente.

Quando imaginamos tal poema, ele nos põe em contato com nosso sentimento atual de nossa identidade. Talvez as raízes com a proteção sejam mais importantes no momento ou, inversamente, as asas com a liberdade. Com a capacidade de imaginação, temos uma grande riqueza dentro de nós, podemos nos conectar com muitas emoções e sentimentos.

O caminho: o encontro da identidade como um processo de individuação

A árvore como símbolo do desenvolvimento da identidade diz respeito principalmente a quem nos tornamos, mas

---

55. JIMÉNEZ, J.R. *Falter aus Licht*. Wiesbaden, Munique: Limes, 1979, p. 21.

também à continuidade no curso da vida juntamente com as mudanças associadas: como viemos a ser assim, como foi que crescemos – como nos posicionamos no mundo agora?

A simbologia do caminho da vida, do caminho, aborda mais as mudanças, os movimentos na vida que nós mesmos iniciamos. Ao seguir caminhos, encontramos bifurcações, cruzamentos, situações em que precisamos tomar decisões. E dependendo de como decidimos, o caminho segue de forma diferente. Às vezes, atravessamos pontes, às vezes o caminho é interrompido. Às vezes, simplesmente seguimos em frente, mas quase sempre há um objetivo que queremos alcançar.

Desenvolvimento, mudança – isso simplesmente faz parte da vida humana. No campo da psicologia do desenvolvimento, hoje é defendida a ideia de que o desenvolvimento ocorre desde a concepção até a morte – como um processo natural. E quando pensamos que através desse processo nos tornamos cada vez mais o que realmente somos, mas nunca fomos antes, então podemos falar, seguindo Jung, do processo de individuação.

Jung postula um centro no ser humano que intenciona e causa esse processo de individuação: o si-mesmo, com o qual se confronta o complexo do eu. O si-mesmo é compreendido como um centro dinâmico no ser humano que abrange o ser humano em sua totalidade, o inconsciente e o consciente. E ocorre continuamente como um processo dinâmico, que nos dá consciência de nós mesmos, ainda que muitas coisas nos permaneçam inconscientes. Esse arquétipo central, segundo

Jung, possui uma função autorreguladora: quando o ser humano se torna demasiadamente unilateral, as emoções e os símbolos correspondentes são vivenciados para criar de novo certo equilíbrio. O "si-mesmo" é um processo que pode provocar uma experiência de centração no ser humano e também estar associado a uma experiência de coesão interna, da qual procedem novos impulsos para o desenvolvimento. Trata-se sempre de estabelecer certa ordem entre o inconsciente e o consciente, e isso no sentido de que a pessoa se torne cada vez mais o que ela pode ser: surge um processo de individuação pela conexão consistente entre o consciente e o inconsciente.

Jung chegou ao conceito do si-mesmo – como um postulado – porque descobriu que os símbolos do si-mesmo, como, por exemplo, também nos sonhos, podem tranquilizar pessoas muito agitadas. Um sonho pode acalmar até mesmo pessoas que estão sofrendo grande angústia. Em sonhos nessas situações, aparecem símbolos como círculo, quadrado, esfera, espiral, os quais eram entendidos por Jung como símbolos do si-mesmo. Eles compensam a grande inquietude e proporcionam calma – como uma vivência interna que por um momento transmite o sentimento de coerência e, portanto, a convicção de que não haverá desintegração em partes separadas.

Um exemplo: O símbolo do si-mesmo, que é quase sempre representado na combinação de opostos, é vivenciado nos sonhos com bastante frequência. Nesses casos, a pessoa tem o sentimento de estar completamente junto de si mesma, mas ao mesmo tempo também junto de outras. E, por um momento, ela se sente completa e em concordância consigo mesma, com o que foi e com o que virá. Neste contexto, vamos falar sobre o sonho de um homem de 42 anos. Este homem tinha perdido seu filho num acidente de carro. Profundamente destruído, ele disse a respeito de si: "Estou completamente dilacerado, não quero mais viver de jeito nenhum. Acho terrível quando crianças morrem". E este homem também dava a impressão de estar realmente confuso, de não entender mais o mundo, de não se entender mais e de não querer mais viver. Então ele teve um sonho, um assim chamado sonho de compensação, que pode ser revivido na imaginação.

O sonho do paciente:

"Alguns golfinhos nadam ao redor de uma esfera. Esta esfera é transparente. E percebo que os golfinhos se refletem nessa esfera transparente, inúmeros golfinhos. E começo a rir no sonho e digo: Como isso é lindo!"

Este homem ficou completamente surpreso com o efeito do sonho. Disse que agora havia sido tomado pela pura alegria de viver, embora na noite anterior estivesse convencido de que não queria mais viver, que não podia seguir vivendo. Ele não se considerava um suicida, mas tinha consciência de que, por exemplo, no trânsito, estava sendo decididamente "negligente e descuidado". De repente, este o fez vivenciar a alegria de viver novamente, o prazer pela vida. Ele narrou várias vezes como esses golfinhos se refletiam nessa esfera. Este homem tinha uma conexão especial com golfinhos. Certa vez, ele havia mergulhado num lugar onde havia muitos golfinhos que brincavam com as pessoas que estavam na água. Foi uma experiência avassaladora para ele, que o sonho agora refletia. No entanto, agora havia sido adicionada a esfera no meio como algo novo e especial – os sonhos não apenas copiam, mas também criam algo novo. A esfera reúne os golfinhos em todos os reflexos e transmite grande vitalidade, quase irreal, desses animais misteriosos.

Segundo a teoria dos sonhos, este seria um sonho compensatório: Seu âmago mais íntimo ergueu uma imagem de alegria de viver e dinamismo contra o profundo desespero, o que pode ser entendido como uma forma de autorregulação. Isso também provocou uma transição de vida: claro, há ali o grande luto e a necessidade de se desprender da criança que ele perdeu, mas também há uma imagem emocionante, uma experiência onírica que desencadeia pura alegria de viver. E para ele, foi uma surpresa total poder rir, mesmo quando a vida é tão difícil. Duas verdades são vivenciadas agora: A terrível experiência do acidente, da perda de seu filho, é real e profundamente perturbadora. Mas há também o sonho e existem os novos sentimentos e ideias que foram gerados pelo sonho. São duas realidades da vida que estão justapostas; de um lado, essa dor inacreditável e, do outro, o espanto de que ainda há vitalidade e beleza na vida, até mesmo para ele. Este homem interpretou o sonho como "pura alegria de viver".

Esse é o efeito de grandes sonhos, nos quais temos a impressão de que o si-mesmo está se mostrando neles, de que tais sonhos vêm diretamente do nosso centro. Não temos esses sonhos com tanta frequência, mas principalmente quando nossa vida claramente sai da "ordem". Quando temos esses sonhos, eles transmitem um sentimento de vida de máxima plenitude, apesar de tudo o mais. Eles também proporcionam uma experiência de significado imediato: estamos vivos, surpreendentemente vivos, junto a nós mesmos, por um momento identificados conosco mesmos, conectados com nossa própria profundidade, mas também com outras pessoas, talvez até mesmo com o cosmos. Aqui também, estamos no modo do receber: Há uma reação vinda da profundidade, uma reação que traz felicidade.

A inclusão do inconsciente

Quando queremos nos esforçar para reencontrar nossa identidade repetidamente, é importante também incluir o inconsciente para estarmos em contato conosco de maneira integral. O inconsciente pode se manifestar, por exemplo, num sonho, mas também precisamos nos lembrar do sonho, lidar com ele, explorá-lo.

Erich Fromm, que também se ocupou com a identidade, disse a esse respeito: Quando perdemos o si-mesmo – e ele também estava se referindo ao si-mesmo profundo –, então nos voltamos para um falso si-mesmo. E ele considerava o falso si-mesmo como o reflexo de nós projetado pelos outros, ou seja, o que é esperado de nós pelos outros. Erich Fromm era um psicanalista que se ocupou amplamente com várias escolas de psicologia profunda e também lidou com o aspecto social da psicanálise e da psicologia profunda. Sua ideia era: Quando perdemos a conexão com a profundidade, uma conexão que podemos ter por meio de sonhos, imaginações, imagens, intuições, então as expectativas impostas de fora se tornam dominantes. Nesse contexto, ele fala até mesmo de perda de identidade, a partir da qual a pessoa se adapta ainda mais para ser reconhecida e se encaixar. Se os outros sabem o que alguém é, então talvez ele também o saiba – assim diz Fromm[56].

---

56. Cf. FROMM, E. *Die Furcht vor der Freiheit*. In: Id. *Gesamtausgabe in zehn Bänden*. Vol. 1: *Analytische Sozialpsychologie*. Munique: DTV, 1989.

9
Formação da identidade como um processo de busca de objetivos

Os processos de desenvolvimento são processos de busca de objetivos. E eles simbolicamente se movem, em geral, em forma de espiral. Às vezes estamos mais distantes do centro, outras vezes mais próximos do centro. Afinal, não pensamos constantemente em nossa identidade, isso seria muito desgastante. Quando nos sentimos distantes do que nos define, nós nos sentimos mal, e a autorregulação da psique entra em ação: certas emoções são vivenciadas e nos assustam, temos sonhos perturbadores ou sonhos com muitas pessoas estranhas, ou sentimos que estamos passando por uma transição na vida que não levamos muito a sério. Todas estas são mudanças menores ou maiores, que nos trazem de volta a nós mesmos, ao nosso centro.

Esse processo de busca de objetivos é guiado pelas emoções de curiosidade e interesse e pelo comportamento de exploração daí resultante: quem eu ainda sou? Quem mais ainda posso ser?

Interesse e exploração

Na alegria – assim constatamos – vivemos no modo do receber. Próximas à alegria estão as emoções de interesse e curiosidade, que guiam nosso comportamento de exploração, e isto desde o nascimento. O interesse e a curiosidade buscam algo novo, algo empolgante – a curiosidade abre espaços, o interesse se ocupa por muito tempo com assuntos que nos dizem algo. O interesse tem um papel central na formação e na reestruturação de nossa identidade; os interesses guiam nosso comportamento, nossas ações e estão por trás de nossas motivações. Seguimos nossos interesses. Quando nos interessamos, algo no mundo nos chama a atenção ou nos arrebata: precisamos examinar mais de perto, queremos nos ocupar com isso. Quando somos realmente tomados por um interesse, não é fácil nos livrarmos dele: nossos interesses mostram muito quem somos e o que é importante para nós. É um sistema que nos dinamiza, nos move, nos dá a convicção de que o que fazemos é significativo.

O comportamento de exploração nos traz o que necessitamos, mas também nos torna cobiçosos, ávidos por coisas novas. Mas quando um interesse mais profundo nos abraça, inicia-se um processo intenso de envolvimento com o que nos interessa. Esse processo corresponde a uma intensa interação entre o mundo interno e o mundo externo. Naturalmente, todas as emoções e sentimentos conectam o mundo interno e o mundo externo; mas, no caso do interesse, isso é especialmente evidente. Quando algo nos interessa, geralmente acreditamos que algo no mundo externo nos chamou a atenção: ficamos fascinados, desenvolvemos ideias, imaginações sobre como queremos seguir nosso interesse, descobrimos mais elementos, coisas novas, o interesse cresce.

Nosso mundo interior está substancialmente envolvido em nossas imaginações, ideias, planos sobre como queremos concretizar o que nos interessa. Procuramos alinhar nossas concepções com a realidade. Também precisamos lidar com decepções, pois nossas ideias nem sempre correspondem à realidade. Mas se realmente estamos interessados, podemos lidar com as decepções, damos valor aos pequenos progressos que fazemos. A concretização, o trabalho duro, a busca, o encontro, o abandono ocorrem no aqui e agora, com o eu consciente. Ao nos interessarmos pelo mundo, talvez também por outra pessoa, e por meio desse interesse compreendermos e vivenciarmos mais, aprenderemos muitas coisas sobre nós mesmos. O interesse pelos outros, pelo mundo, sempre é também interesse por si mesmo, por mudanças na relação consigo mesmo, por mudanças na identidade.

Seguir os interesses, isso é formação de identidade e é criativo. Nada está dado para sempre, sempre há algo pendente, algo importante que atiça nossos desejos, algo que justamente... nos interessa. Exploração, curiosidade, interesse, alegria – esses são os ingredientes de uma atitude criativa: Como é o mundo? Como posso mudá-lo? Isso está ligado à experiência de que podemos mudá-lo. Interesses compartilhados com outras pessoas são especialmente intensos: num relacionamento amoroso, por exemplo, o interesse compartilhado em tornar o relacionamento uma relação de amor contribui para uma boa qualidade de vida. Num grupo pode haver um interesse comum em divulgar uma causa política entre as pessoas.

Os interesses podem ser de curto ou longo prazo: se são atuais, então somos arrebatados por ele e temos vitalidade. Mas também podemos simplesmente nos apegar aos interesses dos outros: pensamos que estamos interessados, mas faltam a verdadeira paixão e a vontade de enfrentar dificuldades e nos dedicarmos a eles. Quando muito, apenas nos deixamos contagiar pelo entusiasmo dos outros, sem que isso se torne realmente uma empolgação própria.

Também fica evidente como nossos interesses são inicialmente influenciados pelos pais e pelo ambiente, mas ao longo da vida podem se tornar cada vez mais nossos próprios interesses. O "impessoal" também desempenha um papel nisso, é claro. Aqui é digno de nota o fato de que, durante a juventude, muitas pessoas têm interesses intensos, aos quais se dedicam. Esses interesses podem então recuar ao longo da vida, mas podem voltar a se tornar determinantes das ações na velhice. Por exemplo, um homem de 78 anos lembra-se de que, quando era jovem, queria traduzir a *Odisseia* – e ele também havia feito sérios trabalhos preparatórios para isso. O homem mais velho lembra-se desse desejo, procura as anotações da época, refresca seus conhecimentos de grego – e traduz. Quando jovem, ele queria fazer a melhor e definitiva tradução, mas esse já não é mais o objetivo do homem mais idoso. Agora, ele quer entrar em contato com a *Odisseia* porque a considera exemplar para a vida de um homem.

O interesse é a emoção a serviço do desenvolvimento criativo e une, de maneira única, o mundo interno e o mundo externo. E o interesse em nós mesmos, em quem sempre ainda podemos ser, não esmorece e nos faz continuar buscando a nós mesmos.

Delimitação e integração

Estar num caminho para si mesmo significa também deixar para trás quem já nos tornamos. Muitas vezes, todos nós ouvimos certas frases de nossos pais ou avós e internalizamos algumas delas sem muita reflexão. Às vezes, achamos que precisamos corresponder às frases dos pais para sermos boas pessoas. Bem, nem todas as frases dos pais são ruins, mas é importante refletir e perguntar se elas ainda estão alinhadas com as nossas próprias convicções atuais, se afinal são benéficas para a vida. Ora, não queremos um dia morrer como cópias de nossos pais. Vamos nos lembrar do exemplo do homem que tinha como lema: "Se você não trabalha até cair, não é uma boa pessoa". Essa era uma das frases ditas pelos pais com a qual ele se identificava e sobre a qual ele só refletiu depois de ter tido o terceiro ataque cardíaco. Para chegar à própria identidade, é preciso refletir sobre o significado das frases paternas e maternas na própria vida e, se necessário, se distanciar delas. Essas frases provavelmente foram guias importantes em nossa história de vida, e algumas ainda são – mas não precisamos seguir todas elas. E essas frases não são ideias e valores abstratos, mas na maioria das vezes estão ligadas a ações práticas, a sentimentos de culpa por agirmos de maneira diferente do que as frases ditam, a alegrias proibidas na vida, à nossa própria vida que quer ser vivida.

No entanto, esse processo de desenvolvimento, esse caminho de vida, também inclui um processo de integração: O que pode ser integrado à minha vida? Geralmente são coisas reprimidas, ou podem ser aspectos de sombra[57]. Sob aspectos de sombra, entendemos aspectos de nossa personalidade dos quais não gostamos, que não condizem com nossa imagem ideal de nós mesmos e que, portanto, preferimos não reconhecer, ocasionalmente projetando-os em outras pessoas. Se, por exemplo, somos muito avarentos, mas estamos convencidos de que somos generosos por ser este um valor que buscamos, então não podemos admitir nossa avareza e simplesmente os

---

57. Cf. KAST, V. *Der Schatten in uns.* Op. cit.

outros é que são avarentos. E, porque os outros são avarentos, então também não podemos realmente ser generosos.

Projetamos, com frequência, aspectos de sombra em nossos próximos, o que, no entanto, leva a conflitos e confrontos. As projeções são inicialmente menos propensas a causar conflitos quando direcionadas a grupos estrangeiros; e é aí que os recém-chegados, os refugiados, se tornam portadores ideais de sombras e não podem se defender. E quando compartilhamos essa projeção com outras pessoas, isso nos dá uma sensação de sintonia: "Os outros também veem isso assim!" Mas os outros também podem simplesmente ter projetado suas próprias sombras, tal como nós – e então todos ao nosso redor, de repente, se tornam parasitas.

Experiências são dissociadas porque são muito dolorosas ou carregadas de vergonha. Essas partes dissociadas podem, no entanto, ser reintegradas. Hoje podemos lidar de forma diferente com as difíceis experiências de vida que anteriormente não permitíamos que nos afetassem – porque a vida mudou, porque temos uma identidade mais segura e uma autoestima mais confiável. Podemos enfrentá-las, mas também podemos deixá-las para trás – não lhes dar mais atenção. Ou podemos procurar ajuda terapêutica para lidar com um problema que não conseguimos resolver sozinhos. As dissociações podem ser integradas principalmente no trabalho com símbolos. Também podemos integrar o que está pendente, o estranho. Nós mesmos somos sempre um pouco estranhos: há aspectos de nossa personalidade que nunca vivenciamos, que nos são estranhos, talvez até nos causem estranhamento inicial, e ao permitirmos que eles se aproximem de nós, nos tornamos mais amigáveis com eles, mudamos. Isso é exemplificado, por exemplo, pelo sonho de uma mulher de 58 anos:

> Junto ao portão do meu jardim está uma imensa figura verde. Totalmente calma. Esperando. Esperando por quem? Talvez esteja esperando por mim? Estou fascinada, hipnotizada, também um pouco assustada.

Na terapia, gosto de trabalhar com sonhos na forma de imaginação: a sonhadora recria as imagens oníricas tão precisamente quanto possível e explora os sentimentos associados a cada imagem. E então nós examinamos em conjunto o que está acontecendo.

> É o portão do meu jardim. Agora me lembro: A figura está de pé junto ao portão, mas já está dentro do jardim.

> A figura está se aproximando um pouco mais.

> Está completamente calma, não sei se é homem ou mulher. Por que não sei? Porque a figura não está olhando para mim, mas para fora, para a paisagem. A figura é muito grande, enorme mesmo, e usa uma espécie de capa verde. Ela é simplesmente verde, um verde bonito, de tom médio.

> Estou parada perto de minha janela a leste. É de manhã, com sol matinal, definitivamente está claro. A figura está me esperando. Será a morte? Não tenho

essa impressão, parece mais primavera, pré-primavera – há prímulas lá fora, mas nada mais. Sinto quase fisicamente que devo sair ao seu encontro, talvez até mesmo convidar essa figura para entrar. Na verdade, sair e ir com ela. Mas para onde? Isso me dá medo, mas também me fascina.

Esta é a primeira parte da imaginação. Em seguida, ela tenta conectar o sonho com experiências cotidianas. "Bem, na verdade, ele parece um jardineiro. E sempre temos uma altercação em casa. Meu marido sempre diz: 'Todo momento livre, quando o tempo está bom, você vai para o jardim, e eu realmente não quero isso'".

Eu pergunto: "Isso é verdade emocionalmente? Um jardineiro se pareceria com essa figura?" Eu entendi sua associação como uma tentativa de afastar o elemento fascinante, mas também o aspecto sinistro da figura, mas achei isso emocionalmente contraditório.

Ela aceita minha intervenção: "Não, de jeito nenhum. Essa é uma figura completamente fascinante e desconhecida. Eu não estou fazendo nada, só estou olhando para ela. Ela não está fazendo nada, só está olhando para fora. Mas é verde. E o verde se transforma em alguma coisa".

Em nossa terminologia junguiana, diríamos que essa figura é um estranho misterioso ou até mesmo uma figura do *animus*[58]. E a *anima* e o *animus*, figuras arquetípicas do feminino e do masculino, que costumam ser projetadas em parceiros

---

58. Cf. Id. *Paare*. Op. cit., p. 194ss.

amorosos, estão ligadas ao anseio pelo "completamente diferente". Essas figuras quase nunca estão próximas da consciência, mas estabelecem uma conexão entre conteúdos conscientes e nosso próprio centro. O desenvolvimento da identidade também é uma integração do ainda não consciente.

Como figuras oníricas, a *anima* e o *animus* muitas vezes são um tanto indeterminados e, por isso, fascinantes e assustadores ao mesmo tempo – um bom ponto de partida para imaginações. Talvez a figura na imaginação mude sua aparência, talvez fique claro quais sentimentos estão ligados a ela e quais imaginações podem surgir dela. São imagens e emoções com as quais devemos conviver pacientemente, e então fica cada vez mais nítido quais aspectos da psique são estimulados e vivificados por essa figura. E esses aspectos podem então ser incorporados à vida consciente. Mas uma parte sempre permanecerá misteriosa. Trata-se de fascinação e medo ao mesmo tempo. É o estranho em nossa própria psique que nos desperta medo e fascínio e realmente nos ajuda a nos desenvolvermos também no sentido espiritual. Isso também faz parte da integração: aspectos da identidade de camadas mais profundas do inconsciente se tornam acessíveis.

Muito mais familiar é a ideia de que os sonhos nos mostram nossos lados de sombra, aspectos que não conseguimos aceitar em nós mesmos e, portanto, reprimimos e frequentemente também projetamos nos outros. A percepção dos aspectos de sombra tem uma influência significativa em nossa identidade, especialmente no convívio com outras pessoas[59]. Mas também faz parte da identidade que não nos restrinjamos apenas aos sonhos que mostram nossos lados de sombra ou elucidam quais aspectos da personalidade também seriam possíveis. Em vez disso, é importante lembrar que a psique também tem uma profundidade misteriosa, com a qual precisamos lidar com grande paciência. E isso, claro, está distante do que o mundo normalmente deseja. Mas também é justamente o oposto desse desejo.

O processo de individuação

Individuação e o voltar-se para o inconsciente

C. G. Jung desenvolveu um conceito para o desenvolvimento psíquico que vai até a morte e que está associado ao fato de que cada vez mais chegamos a nós mesmos, podemos ser aquilo que podemos ser, mas nunca fomos – em conexão com os outros e o mundo. Como ele chegou a este conceito? Ele havia constatado que os problemas importantes da vida não podem ser resolvidos, mas podemos crescer ultrapassando-os: "Perguntei-me então se essa possibilidade de crescer e ultrapassar, ou seja, da continuidade do desenvolvimento psíquico, não seria afinal o normalmente dado e se, portanto, o ficar preso a, ou em, um conflito seria o doentio"[60]. Sob a noção de "crescer e ultrapassar", ele entendia que o novo se

---

59. Cf. Id. *Der Schatten in uns*. Op. cit.

60. OC 13, § 18.

aproximava das pessoas, de dentro ou de fora, e elas o aceitavam e cresciam com isso. O novo do destino é para ele uma "expressão exata da personalidade total"[61] – o novo como algo que possibilita uma nova experiência de identidade. Por estarmos em permanente processo de desenvolvimento, também podemos resolver problemas maiores em nossa vida.

Jung observou em 1931 que seus pacientes de meia-idade estavam sofrendo de depressão com frequência cada vez maior. Sua explicação: Na primeira metade da vida (que para ele era aproximadamente até os 40 anos), trata-se de querer alcançar objetivos sociais; carreira, família, prestígio estão no centro. Jung acredita que na primeira metade da vida as pessoas se adaptam bastante ao que o mundo espera delas. Isso as torna unilaterais. E essa ocupação excessiva com o mundo exterior vem às custas da integridade da personalidade, de modo que, de repente, se vivencia um vazio emocional, e o sentido da vida se perde. Surge a pergunta: Isso foi realmente tudo? Vale a pena viver? Reage-se com uma depressão, e Jung entendia essas depressões na meia-idade – ou na virada da vida, como ele disse – como expressão da "vida que também poderia ter sido vivida"[62]. Sua tese: Se as pessoas evitarem por muito tempo importantes projetos possíveis de si mesmas, ficarão deprimidas. O sentido da depressão é confrontar-se com o inconsciente e descobrir qual vida também poderia ser vivida, deveria ser vivida. Voltar-se para o inconsciente signi-

---

61. OC 13, § 19.
62. OC 8, § 772.

fica perceber e aproveitar os sonhos, fantasias, imaginações, imagens; descobrir quais conflitos, mas também quais possibilidades criativas se mostram. Em última análise, trata-se de permitir que o mundo interior também viva. A psique quer viver junto mais uma vez e de maneira diferente – justamente ao incluirmos conscientemente o inconsciente.

Evidentemente, o inconsciente está sempre presente, processos inconscientes dirigem nosso comportamento em grande medida – nisto os neurocientistas estão de acordo[63]. Consciência e inconsciente às vezes formam uma parceria de trabalho: aprendemos um movimento conscientemente e depois o entregamos ao inconsciente – para muitas situações, a consciência não é necessária. Encontramos o caminho para casa, mesmo que estejamos pensando intensamente numa discussão importante o tempo todo. O inconsciente também é misterioso, e nossos sistemas emocionais são inicialmente inconscientes.

O que é então entendido quando se postula que nos voltamos mais intensamente para o inconsciente no processo de individuação? Não se trata tanto do inconsciente procedimental, mas sim da conexão entre consciência e inconsciente na forma de símbolos que estão constelados. Então incluímos o inconsciente no sentido de estímulos e imagens sempre quando algo na vida se torna problemático. No processo de individuação, voltamo-nos de maneira muito mais funda-

---

63. Cf., p. ex., DAMASIO, A. *Selbst ist der Mensch*. Munique: Siedler, 2011, p. 283ss.

mental para as imagens interiores, para os sonhos, e lhe damos forma. Isso estabelece uma conexão entre o inconsciente e a consciência, o que significa que partes da personalidade que foram dissociadas podem ser integradas.

O trabalho com símbolos para a formação da identidade

Nos símbolos e no trabalho com símbolos pode haver integração de conteúdos dissociados que nos fazem sentir mal e nos deixam inseguros em nossa identidade. Os símbolos que se tornam importantes para nós mostram-nos quais estímulos de desenvolvimento devem ser absorvidos, sobre quais temas devemos refletir, quais emoções e sentimentos podem ser aproveitados e diferenciados[64].

Como já mencionado, objetos do mundo exterior com os quais nossa vida interior entra em ressonância tornam-se símbolos. Objetos materiais como um anel, formas mais abstratas como o desenho de um círculo, um animal, uma condição climática ganham significado. Estamos no mundo e sempre nos deparamos com essas situações mundanas. E então, de repente, um objeto ou um animal – ou qualquer coisa que se possa exprimir numa imagem – se torna significativo. Talvez tenhamos sonhado com um javali – tal como uma mulher de 28 anos, pouco antes de assumir um cargo de liderança numa equipe – e nos perguntamos qual seria o significado do javali em nossa psique. No símbolo, não

---

64. Cf. KAST, V. *Die Dynamik der Symbole. Grundlagen der Jung'schen Psychotherapie*. Reedição. Ostfildern: Patmos, 1990 (2016).

apenas o mundo exterior se expressa, mas também o interior. Algo intrapsíquico, que manifestamente é importante agora, se torna visível e experienciável no símbolo, incentivando um processo de reflexão e, consequentemente, de desenvolvimento psicológico. Não perguntamos apenas: "Por que um javali?", mas também: "Por que justo agora?" E procuramos pelas conexões emocionais com a vida cotidiana.

Uma situação de vida se torna importante no símbolo a partir da consciência e do inconsciente, e essa situação é enfatizada emocionalmente, significa algo, chama nossa atenção. Quando nos concentramos nesses símbolos, eles mudam: correntes de imaginação ocorrem e devem ser cuidadosamente assimiladas. Mas também ocorrem sonhos que são relacionados aos símbolos constelados e à situação de vida associada a eles. Especialmente durante a mudança de identidade em transições de vida, são frequentes os sonhos com símbolos correspondentes, nos quais podemos nos concentrar e que, ligados a experiências antigas e novas expectativas, podem indicar uma nova direção na vida[65].

A mulher que sonhou com o javali antes de sua promoção para líder de equipe, naturalmente ponderou se o javali tinha algo a dizer sobre essa nova situação de vida. Ela conhece javalis, acha que não há nada de errado com eles, mas "é claro, eles sempre se divertem chafurdando na sujeira". Ela sabe que javalis podem "revirar" jardins inteiros e associa isso à ideia de que

---

65. Cf. RIEDEL, I. *Träume als Wegweiser in neue Lebensphasen*. Stuttgart: Kreuz, 1997.

javalis também podem ser ameaçadores. Algumas pessoas, diz ela, são como javalis – incapazes de manter a ordem. Ela não é assim, ela não é uma javalina. Mas mergulhar no trabalho, isso ela pode. Ela se espanta e está um pouco preocupada porque, em sua nova posição, precisará lidar com algumas pessoas que são significativamente mais velhas e experientes do que ela. Mas se o javali no sonho representa seu próprio lado javali, então, na verdade, os outros deveriam ter medo dela. Ela pondera se talvez poderá agir tão selvagemente quanto um javali, pois, na verdade, está com medo. Mas então ela também fica feliz com o símbolo, já que costuma sonhar apenas com mulheres tão adaptadas – o javali, isso sim é vital, justamente selvagem também, cheio de vida... E aqui já estamos num novo aspecto de sua identidade feminina.

Os símbolos têm muitas facetas, de modo que não se pode atribuir um único significado a eles. É claro, sempre há dicionários de símbolos com definições unívocas, mas eles não capturam a complexidade da psique, nem fazem justiça ao processo psicológico: ao contrário, a pessoa lida com o javali por um tempo, enquanto ele lhe parece significativo, e enquanto isso, novos aspectos não cessarão de surgir, lançando nova luz sobre sua identidade. Os símbolos também podem ser moldados: a atenção que voltamos para imaginações, pensamentos, sentimentos, e até mesmo para as formas de um símbolo, nos concentra no que precisamos entender no momento. A jovem inicialmente entendeu o sonho assim: não preciso entrar nessa equipe como uma javalina, mas eles, com certeza, devem saber que posso me defender. Isso é o significado de afirmar que, no processo de individuação, nós nos voltamos mais intensamente para o inconsciente.

No caminho da individuação não apenas crescemos e transpomos nossos problemas à medida que nos desenvolvemos, mas também tentamos compreendê-los. A compreensão consiste em pelo menos dois passos. O primeiro é sentir: por exemplo, sinto que estou sofrendo, abalado, atormentado. Isso é uma emoção, uma percepção no corpo, e são sentimentos que nos afligem. Essas emoções e sentimentos são percebidos e explorados. O segundo passo é observar a si mesmo. Eu não me identifico simplesmente com a emoção, com esse estado atormentado, mas dou um passo para trás. Sei que estou me sentindo atormentado, mas também observo esse tormento, eu reflito sobre ele. Aqui também podem ser usados métodos criativos. Podemos, por exemplo, escrever sobre o que nos preocupa, nos atormenta. Podemos permitir ideias que surgem das emoções predominantes, podemos pintar as emoções ou as ideias ou representá-las simbolicamente de alguma maneira. Não deixamos que a tristeza ou a miséria simplesmente nos dominem, embora evidentemente tenhamos de senti-las. Mas então podemos recuar um passo e encontrar uma atitude em relação a isso, descobrir qual estímulo de desenvolvimento está porventura presente numa situação de vida tão difícil. Obviamente, isso também significa levar esses símbolos a sério, essas conexões entre o interno e o externo. Eles sempre também apontarão para nosso passado, mas igualmente para o futuro. O que este símbolo quer de mim, qual é o impulso criativo neste símbolo? Como este símbolo ajuda a me tornar mais vivo, talvez até saudável, íntegro novamente? E se nos tornarmos unilaterais na maneira de lidar com a situação de vida difícil, continuaremos a ter sonhos.

Sonhos como guias no processo de individuação

As imagens oníricas empregam, como todos os símbolos, imagens da experiência do mundo vivencial, mas as juntam de maneira criativa, impulsionadas por processos emocionais. Os sonhos são nossa própria criação durante o sono. Eles narram histórias, são imaginações, concepções que me pertencem inalienavelmente. Quem ou o que aparece em meu sonho – de alguma forma isso faz parte de mim e me diz algo sobre mim mesmo. Uma pessoa com 70 anos de idade passou dez anos sonhando durante esse tempo de vida. Também temos uma identidade onírica, às vezes fugaz, mas, quando observada, também surpreendente. Pessoas que prestam atenção em seus sonhos lembram-se de figuras úteis, de sonhos que exortavam à precaução, de ondas muito grandes que traziam alegria e de outros eventos comoventes e impressionantes. E o "pessoal dos sonhos" também é o "pessoal da imaginação": pessoas e situações com as quais deparamos nos sonhos podem ser usadas em nossas imaginações. É todo um mundo interior que também se entrelaça com nosso mundo cotidiano.

Um sonho só se torna um sonho quando acordamos. Enquanto sonhamos, isso é para nós uma realidade totalmente normal, na qual nos movemos e que geralmente não nos parece estranha, mesmo que possamos voar, por exemplo. Quando acordamos, nos confrontamos com o sonho, percebemos as emoções que foram vivenciáveis nele e conectamos o sonho com a vida cotidiana, com a história de vida, com o futuro. O que o sonho me diz? Em todo caso, ele me diz que também tenho muitos outros aspectos. Sempre tendemos a nos tornar unilaterais – muito adaptados, muito ainda apenas a pessoa do trabalho profissional, muito introvertidos, ou muito extrovertidos. Então, nossa vida interior comenta isso no sonho e coloca outra ênfase. O que se busca é um "estado médio" emocional, e aqui isso pode muito bem significar que os sonhos incentivam mais atividade, como mostra o sonho de um estudante de 28 anos que estava levando uma vida muito pacata. Ele sonhou: "Estou lendo um texto intitulado 'Quem não se levantar agora será enterrado'. Então, vejo-me deitado na cama, ouço ruídos e penso: Agora os agentes funerários estão vindo me buscar. Levanto-me rapidamente e faço a barba, de modo que pareça que já estou acordado há muito tempo".

O estudante acrescenta: "Levei um susto terrível – eu realmente preciso ser mais ativo agora".

Os sonhos às vezes sublinham, realçam, tornam mais nítida uma experiência, ou compensam um comportamento cotidiano e apresentam uma perspectiva que pode estar se perdendo ou já foi perdida na vigília. Um exemplo do aspecto de realce presente nos sonhos:

Uma mulher de 24 anos narra:

Sonhei que meu rosto não está em ordem. Tenho pouco tempo para uma nova maquiagem, mas a maquiagem dos olhos está borrada, e as bochechas ficaram muito rosadas. Fico cada vez mais desesperada e acordo.

Conto o sonho para meu namorado, e ele acha que eu poderia deixar de lado essa coisa toda (a maquiagem). Eu me esforcei tanto por causa dele.

O sonho pode se referir diretamente ao fato de a sonhadora tentar se tornar muito atraente, como o "impessoal" (masculino ou feminino) costuma mesmo fazer. No entanto, o sonho também pode indicar de forma mais fundamental que ela está se orientando muito para o exterior, se preocupando demais com a maneira como é vista, e que ela não pode se dar ao luxo disso no momento, pois outras coisas são mais importantes. O que é mais importante? Isso é um novo aspecto da identidade.

Compensação: correção da autoimagem

Eis o sonho de um homem que se considera excepcionalmente honesto e vive reclamando sobre colegas que, na sua percepção, não levam a honestidade a sério: "Encontro um homem com orelhas fendidas. Essas orelhas fendidas são notáveis – ele é estranho para mim, muito estranho".

Inicialmente, o sonhador não conseguiu entender o sonho. Muito estranho. Um extraterrestre talvez? Brincamos com as palavras e diferentes expressões: "orelhas fendidas" (*geschlitzte Ohren*), "um *Schlitzohr*" [um espertalhão]... Sim, ele pensa, pode ser isso. Afinal, ele encontra tantos espertalhões por aí.

Se assumirmos que as figuras nos sonhos também são partes de nossa personalidade, então esse homem teria de lidar com sua parte de personalidade "espertalhona", que ele tão facilmente projeta nos outros. É claro que ele não gosta da ideia de que também pode ser espertalhão em certas situações. Ele acha estranho o fato de o sonho ter reagido a isso. Mas não consegue mais reprimir a lembrança do sonho, uma lembrança que o perturba, e após algum tempo ele descobre, inicialmente, uma mínima dose de espertalhão que ele é capaz de admitir.

Os sonhos também podem compensar o sentimento de vida predominante e, assim, contribuir significativamente para lidar com uma situação difícil na vida. O sonho de uma mulher de 37 anos:

> Eu sei que tenho de subir numa árvore. Faço isso – estou surpresa com o fato de ainda conseguir isso bem. Chegando ao topo, ouço: Agora flutue. Abro os braços e faço movimentos de voo. Flutuar! É dito novamente. Eu me atrevo a flutuar. O ar me sustenta, lembro-me de que já conseguia fazer isso quando criança – e fico cada vez mais corajosa. Alguém está segurando minha mão – misterioso... Sinto-me totalmente livre, é um sentimento de vida maravi-

lhoso, puro entusiasmo. Eu não quero acordar, mas acordo porque uma das crianças chama[66].

Ela teve esse sonho num momento da vida em que disse não saber mais onde estava com a cabeça. A família tinha quatro filhos, o mais novo estava com 1 ano de idade; e o marido, que acabara de iniciar um negócio próprio, ficara enfermo com uma doença potencialmente fatal. Segundo seu relato, ela foi para a cama com desespero, cheia de medo e preocupações, e o sonho despertou sentimentos de entusiasmo e liberdade – esses sentimentos também existiam nela. Este sonho compensa o desespero e, mesmo que sua vida não tenha mudado factualmente, ela não está mais tão desesperada, mas também tem sentimentos alegres. A identidade também tem a ver com nosso sentimento de vida predominante.

Quando trabalhamos sobre os sonhos, imaginamos o sonho novamente, percebemos as imagens, as emoções e os sentimentos associados a ele. E então as imagens e as emoções oníricas se ligam com a vida cotidiana – às vezes como uma breve indicação, às vezes também mais fundamentalmente. E às vezes também abordamos outras pessoas de maneira diferente.

Sonhamos a partir do que "está entre nós e o outro", sonhamos a partir dos relacionamentos. No entanto, também compreendemos os sonhos a partir dos relacionamentos: do nosso relacionamento com o sonhador, mas também de to-

---

66. Sonho em: Id. (ed.). *Die vier Elemente im Traum*. Düsseldorf: Walter, 1995, p. 61 (Sonho resumido).

das as relações que temos com as pessoas, bem como com a cultura e o mundo em geral. Se partirmos do pressuposto de que as emoções e sentimentos estimulam e mantêm nosso sonhar em andamento, ao mesmo tempo assumimos que essas emoções e sentimentos vêm das experiências que nos tocam emocionalmente, ou seja, que nos afetam em nossa essência mais própria.

10

Estímulos para o encontro da identidade de dentro para fora

Como ficou nítido no capítulo anterior, os sonhos são guias no processo de individuação e fornecem orientação desde dentro no caminho para si mesmo. No entanto, às vezes nossa vida pode ser um pouco entediante: não há sonhos emocionantes, nem imagens internas que nos interessem, que nos entusiasmem. Não há ideias e pensamentos desafiadores, mas gostaríamos de tê-los, gostaríamos de nos sentir vivos. Nesses momentos, podemos viver "por empréstimo": encontramos essas imagens e ideias desejadas, às vezes até surpreendentes, num conto de fadas, na literatura, num filme, nas artes cênicas, em suma, em todas as formas da cultura, mas também nos sonhos de outras pessoas – e tomamos emprestadas essas imagens que nos atraem. Em ressonância com elas, nós as transformamos em nossas próprias imagens, que então pintamos em nossa imaginação – e assim, imagens, ideias e as emoções e sentimentos associados são revividos em nossa psique. Nós nos tornamos internamente vivos de novo, voltamos a entrar em contato com aspectos importantes de nossa personalidade.

Um conto de fadas que trata de uma transição na vida

Agora, vou trazer um conto de fadas que tematiza essa experiência em que uma situação de vida um tanto estéril se transforma em nova vitalidade.

A touca de farrapos (conto de fadas norueguês)

> Era uma vez um rei e uma rainha que não tinham filhos. E a rainha estava tão acabrunhada com isso que quase não tinha um instante de alegria. Constantemente lamentava que o castelo fosse tão solitário e silencioso: "Se ao menos tivéssemos filhos, haveria vida suficiente aqui". [...] Aonde quer que fosse, ouvia as mães repreenderem as crianças por terem feito isso ou aquilo; a rainha achava isso divertido e queria o mesmo para si. Por fim, o rei e a rainha adotaram uma pequena e estranha menina; eles queriam tê-la no castelo junto deles, criá-la e ralhar com ela como se fosse sua própria filha[67].

E então o conto segue seu curso: A menina adotada está brincando no pátio do castelo, uma pobre pedinte passa pelo

---

67. *A touca de farrapos.* De: *Norwegische Volksmärchen.* Colônia: Diederichs, 1967, p. 176.

caminho, acompanhada também por uma menininha. Em seguida, as duas meninas brincam com uma bola de ouro, passando-a uma para a outra. A rainha acha isso inadequado, mas a menina mendiga diz que sua mãe pode ajudar a rainha. E, de fato, ela pode. O conselho da mendiga: À noite, quando for dormir, a rainha deve mandar trazer duas tigelas com água, lavar-se e então derramar a água debaixo da cama. Pela manhã, duas flores terão crescido debaixo da cama, uma bonita e uma feia – ela deve comer a bonita e deixar a feia de lado. Obviamente, a rainha come as duas flores e pensa que isso não fará nem bem nem mal. Pouco tempo depois ela primeiramente dá à luz uma menina, que tem uma colher de pau na mão e cavalga um bode; ela é feia e malvada, e assim que nasceu, já foi dizendo: "Mamãe!" – "Deus me defenda, se eu for sua mãe", disse a rainha. "Não se preocupe com isso, em breve nascerá outra, que é mais bonita", disse a menina montada sobre o bode. E então a rainha dá à luz outra menina, "que era tão bonita e adorável que nunca se vira criança tão bela; [...] a mais velha foi chamada de Touca de Farrapos, porque era muito desmazelada e feia e tinha uma touca que caía em franjas esfarrapadas ao redor do rosto, a rainha não lhe dava atenção e queria separar as duas garotas – mas elas eram inseparáveis"[68].

---

68. Ibid.; cf. KAST, V. Zottelhaube. In: Id. *Die Blume des Glücks und andere Märchen von Autonomie und Selbstbestimmung*. 2. ed. Ostfildern: Patmos, 2013, p. 13-40.

Um problema humano fundamental, que se expressa aqui no casal real: este é infértil (e o casal real simbolicamente representa o todo de uma sociedade), a vida paralisa, e a menina estranha e depois a pobre mulher estranha trazem movimento a esta situação estagnada, mas não exatamente como a rainha inicialmente imaginou. Mas a vida se torna dinâmica, e pode-se imaginar que, com a Touca de Farrapos, muita coisa "selvagem", indomável e vital chega a esta corte real e precisa ser integrada, coisa que aparentemente faltava e levou a esta vida estéril. É claro, ainda haverá lutas ferozes com bruxas e *trolls*, antes que a Touca de Farrapos seja transformada numa formosa mulher. Mas deixo por aqui este conto de fadas.

O problema humano fundamental expresso no conto: A vida sempre chega a uma paralisação; o desenvolvimento até a identidade própria não avança. Talvez se trate de uma criatividade temporariamente bloqueada, talvez uma transição na vida que se tenta evitar. Esse conto de fadas mostra um possível desenvolvimento que anula essa paralisação.

Desconhecidos, mas também o estranho e o estrangeiro, desempenham um papel central nos desenvolvimentos em contos de fadas. Nestes, trata-se em geral de trazer o estranho para o familiar – ou de partir para o estrangeiro. No conto de fadas *Touca de Farrapos*, o estranho é inicialmente visto na criança estranha que o casal real adota. Associados a este elemento estranho, ou expresso nele, temos o negligenciado, o excluído, representados na pobre pedinte, que, embora seja paupérrima, ainda é boa conhecedora da natureza. Uma forma de identidade que não é reconhecida na avaliação predominante dos projetos de vida.

O que aprendemos de maneira bastante geral nos contos de fadas? Os heróis e heroínas precisam e querem se desenvolver para superar a adversidade. Eles precisam embarcar numa jornada, ir para o desconhecido, muito longe, geralmente com pelo menos uma figura útil (como a raposa). Contos de fadas abrem caminhos para as fantasias do sucesso. O estrangeiro é um lugar onde há possibilidade de realização (como no conto de fadas reto-românico *O Pequeno Treze*). Os heróis e heroínas dos contos de fadas são curiosos, exploram o mundo e são corajosos. Eles fazem o que está no limite de suas forças e então se deixam ajudar.

Esses caminhos de sucesso podem ser aplicados ao desenvolvimento da identidade das pessoas no dia a dia. Nossa própria evolução também se deve à integração de aspectos estranhos em nós mesmos, que inicialmente estão ocultos de nós mesmos.

Pensemos num momento específico de nossa vida, em todas as coisas que nos eram estranhas aos 20 anos! Vemos o estranho nos outros, nos mais velhos: "Um dia também serei parte da 'geração responsável', mas vou fazer tudo diferente". – "Estranho como esses 'velhos' se comportam – e com 'velhos' estávamos nos referindo a pessoas de 40 anos. Olha o que é importante para eles!!!" – "Um dia também ficarei mais velho e mais fraco…" E, de repente, nada disso nos parece mais estranho.

As tarefas de desenvolvimento são vivenciadas como estranhas e ao mesmo tempo essenciais para nós no momento em que precisamos vencê-las. O que ainda parece estranho destrói o familiar, pelo menos questiona o familiar, traz uma insegurança de identidade, representa uma mudança de identidade. Aqueles para quem o desenvolvimento é importante não veem problema nisso, até mesmo o desejam. Para quem não quer mudança – e não há vida sem mudança –, cada investida do estranho é um mau presságio do destino. Sem o estranho em nós, não nos desenvolveríamos. Mas o estranho em nós nos desafia, é sempre também um questionamento à nossa identidade: Há coisas familiares o suficiente? Posso confiar em mim mesmo, naquilo que já foi vivido e integrado, tenho competência para a vida e, portanto, um sentimento de autoestima suficientemente bom? De vez em quando posso novamente me questionar como uma personalidade razoavelmente sólida? Isso também é válido socialmente: Temos um senso de comunidade suficientemente seguro? Temos confiança mútua, uma base de autocompreensão segura, com a qual podemos enfrentar desafios do estranho e do estrangeiro sem entrar em pânico e angústia?

Se nos assustamos com o desconhecido, se somos desafiados e amedrontados com experiências que nos parecem estranhas, então vamos querer evitar mudanças e transformações: Tentamos controlar as nossas experiências e dizemos, por exemplo, que já sabemos tudo e tentamos transformar o estranho em velho conhecido. Não obstante: isso não funciona, vivenciamos algo estranho em nós mesmos. E porque não pode ser controlado, é sempre vivenciado como sinistro, maligno.

O estranho em mim

O estranho em nós pode ser vivenciado nos sonhos. Cerca de um quarto de todas as figuras dos sonhos são estranhas para nós. Esses estranhos podem nos fascinar ou até mesmo nos assustar, podem nos deixar curiosos, mas também nos repelir: O que esse intruso está fazendo no meu sonho? Mas também: O que a grande figura misteriosa quer junto ao portão do jardim? Os sonhos são nossa criação mais própria durante o sono. Portanto, também podemos ver os sonhos como expressões de nossa personalidade no passado e no futuro. Nos sonhos, o estranho em nós se revela – às vezes precisamos nos acostumar com ele, às vezes é desconcertante, sinistro, mas frequentemente também estimulante, interessante.

A curiosidade sobre nós mesmos: nós mesmos, nossa vida, nossos sentimentos, nossos sonhos – ainda há muito mistério, ainda estamos, mesmo numa idade mais avançada, sujeitos a surpresas. Então, o estranho não se mostra nos sonhos, mas sim em nosso sentir e comportamento cotidianos ou em nossas ideias. Podemos simplesmente aceitar isso com um pouco de surpresa ou, em vez disso, olhar mais de perto com interesse e descobrir algo novo e estranho. Às vezes, isso nos traz alegria, mas também pode causar aborrecimento: descobrimos aspectos em nós mesmos de que não gostamos tanto, ficamos zangados, discordamos de nós mesmos – ou reprimimos esses aspectos. Descobrimos lados ainda desconhecidos em nós mesmos que inicialmente não podemos aceitar.

Curiosidade – nós, humanos, gostamos de coisas novas, desconhecidas, empolgantes: nós queremos explorar, descobrir o mundo, saber o que mais há para além do sabido. Essa é a grande oportunidade para o nosso desenvolvimento, para o estranho e também para os estranhos: quando exploramos, temos antegozo em descobrir algo interessante. E porque o estranho promete uma atividade tão prazerosa, somos fascinados pelo estranho, muito mais do que pelo conhecido. Existe a avidez pelo novo, a curiosidade – não avidez pelo velho.

E assim como podemos nos familiarizar com nossos próprios lados estranhos, especialmente se também nos agradam, podemos também nos familiarizar com pessoas estranhas, gradualmente. Mas, é claro, sabemos que o que é estranho para nós pode ser também como nós mesmos somos: amorosos, atenciosos, mas também desprezíveis, malévolos, possessivos. Certa cautela está em voga. A cautela pode chegar ao ponto de haver um medo completo do desconhecido. Sentimo-nos exclusivamente ameaçados pelo estranho. Nenhuma exploração no mundo parece mais atraente, não há confiança de que conseguiremos lidar com a nova situação. Apenas experiências ruins são esperadas. E então o mal é projetado nos estranhos – antes mesmo de eles terem se conectado conosco. Os estranhos devem ser culpados pela perturbação.

Se temos medo do estranho em nossa própria psique, vamos projetar a ameaça nos outros. No entanto, nossa identidade será mudada muito menos do que nos seria possível. Sentimo-nos ameaçados, mas devemos nos relembrar de nossa competência, mas também de nossa autoeficácia, da convicção de que podemos moldar nossa própria vida, mesmo em tempos difíceis.

Conclusão: narrar nossa vida

O encontro da personalidade própria – encontrar e inventar a nossa identidade – é um trabalho que dura a vida toda. Corpo e psique mudam, relacionamentos mudam, o mundo muda. Isso pode acontecer lentamente e de maneira contínua, ou pode acontecer como crise, em irrupções do destino. Nós mudamos, nos transformamos – e ainda assim permanecemos os mesmos.

As pessoas gostam de contar histórias, especialmente quando alguém está ouvindo atentamente. Ao contar histórias, tornamo-nos conscientes do que estamos experimentando agora, do que já vivenciamos e do que ainda esperamos experimentar, e isso em troca com outras pessoas que também gostam de contar histórias.

Quando contamos sobre nossa vida, falamos sobre experiências importantes nela, também enfeitamos um pouco, contamos histórias interessantes uns para os outros. Estas muitas vezes tratam dos pontos cruciais de nossa vida e, portanto, são também pontos cruciais de nossa biografia em transformação. Ao narrar nossa biografia, trazemos de volta à consciência e aos sentimentos essas experiências importantes. Quando realmente narramos e não apenas informamos uns aos outros, presentificamos para nós na imaginação situações e experiências específicas da vida e também as trazemos emocionalmente de volta ao sentimento de vida atual. Por exemplo, nós nos lembramos de como brincávamos como crianças em idade pré-escolar, de brincadeiras que nos enchiam de contentamento ou de um alegre orgulho. Ao presentificar essas experiências, também vivenciamos os sentimentos associados a elas e notamos que ainda somos aquela criança, nos reconectamos com a alegria que sentimos naquela época.

Nós narramos histórias de boas experiências uns para os outros. Mas também de experiências muito difíceis, falamos sobre temas que fundamentalmente – em todos os lugares – pertencem à vida, como, por exemplo, as experiências em transições da vida, nossos medos e habilidades, mas também histórias sobre nossas amizades, talvez começando com a primeira amizade na infância. Narramos uns aos outros o que fizemos com o primeiro dinheiro recebido, sobre nosso primeiro apartamento e muito mais. É importante considerar que nossas memórias são influenciadas pelos sentimentos predominantes e deles dependentes: se estamos com estado de ânimo alegre, lembramos mais facilmente de memórias alegres do que se estivéssemos aborrecidos. Se estamos presos a um ressentimento, então teremos lembranças que alimentam esse ressentimento. Quanto mais emoções nos forem acessíveis – também dependendo das pessoas para quem estamos contando algo sobre nossa vida –, mais colorida será nossa história de vida, melhor será nosso sentimento de vida[69] e, consequentemente, nosso autossentimento. Isso faz crescer a confiança em si mesmo, sabendo que também podemos enfrentar os desafios da vida que estão por vir, não importa como sejam os tempos. Portanto, é útil narrarmos histórias uns para os outros quando estamos com bom estado de ânimo, sob o estímulo, por exemplo, de uma lembrança de uma boa experiência.

O olhar retrospectivo sobre a vida ou o reavivamento de certos aspectos importantes de nossa identidade não incluem apenas histórias sobre trabalho, família, transições significativas na vida, mas também a lembrança de histórias que nos marcaram. Para algumas pessoas essas histórias são contos de fadas, para outras são livros amados, canções e música em geral com as quais crescemos – é claro, também há diferenças entre as pessoas, e algumas coisas também foram simplesmente esquecidas. No entanto, histórias contadas por outras pessoas também ajudam a reavivar nossas próprias memórias. Não se trata apenas do passado, mas também de histórias e filmes, obras de arte que nos tocam no momento atual, nos aproximam uns dos outros ao conversarmos sobre eles, até mesmo com pontos de vista diferentes – mas todos nós

---

69. KAST, V. *Was wirklich zählt ist das gelebte Leben. Die Kraft des Lebensrück-blicks*. Neuausg. 4. ed. Freiburg im Breisgau: Herder, 2018.

somos contadores de histórias, se nos deixam sê-lo, se somos ouvidos e se nós mesmos nos permitimos contar. Ao contarmos uns aos outros sobre nossas vidas, pessoas que não se conhecem, que são estranhas umas às outras, rapidamente se aproximam e também lembram suas próprias histórias no mesmo âmbito em questão, histórias que podem ser completamente diferentes. Devemos aproveitar isso: se quisermos nos aproximar de outras pessoas, até mesmo estranhos, podemos narrar fatos sobre nossa vida e, assim, teremos mais facilidade em ganhar familiaridade uns com os outros, sentiremos que somos todos humanos com alegrias e tristezas semelhantes, e nos mostraremos em nossa identidade – tal como ela se tornou.

Ao contar histórias, nós nos asseguramos de nossa identidade – e por um momento também sentimos a riqueza de nossa vida vivida, a competência que adquirimos ao longo da vida ao enfrentar desafios. Ao contar histórias, também sentimos uma profunda conexão humana com outras pessoas, e também participamos das histórias dos outros – outro grande tesouro.

As memórias autobiográficas e as histórias associadas a elas são indispensáveis também para o desenvolvimento atual da identidade, pois fundamentam nossa identidade, tornam-na visível em sua evolução até aqui, e também dão uma direção a nossas expectativas para o futuro. Com isso, elas têm um impacto imediato no sentimento atual de vida, na autovivência, na autoconfiança e na experiência de autoeficácia.

Agradecimentos

Agradeço sinceramente a todos que me incentivaram com seu interesse, contribuições, perguntas e dúvidas sobre este texto. Gostaria de agradecer especialmente a Christiane Neuen, que ajudou a transformar em livro um manuscrito para palestra. Além disso, ela editou meu texto com grande empatia, precisão e conhecimento especializado, como sempre. A cooperação foi, como de costume, muito gratificante.

Referências

ARISTÓTELES. *Nikomachische Ethik*. Paderborn: Schöningh, 1966.

BANK, S.P.; KAHN, M.D. *Geschwister-Bindung*. Paderborn: Junfermann, 1990.

BECK, U. *Risikogesellschaft. Auf dem Weg in eine andere Moderne*. Frankfurt am Main: Suhrkamp, 1986.

BISCHOF-KÖHLER, D. *Soziale Entwicklung in Kindheit und Jugend. Bindung, Empathie, Theory of Mind*. Stuttgart: Kohlhammer, 2011.

BONHOEFFER, D. *Widerstand und Ergebung. Briefe und Aufzeichnungen aus der Haft*. Vollständige Ausgabe versehen mit Einleitung, Anmerkungen und Kommentaren. Dietrich Bonhoeffer Werke. Vol. 8. Gütersloh: Gütersloher Verlagshaus, 2011.

Brockhaus-Enzyklopädie. In vierundzwanzig Bänden. Vol. 10: *Herr – Is. 19*. Mannheim: Brockhaus, 1989.

DAMASIO, A. *Selbst ist der Mensch*. Munique: Siedler, 2011.

DE BEAUVOIR, S. *Das andere Geschlecht. Sitte und Sexus der Frau*. Reinbek bei Hamburg: Rowohlt, 1951 (^{2}1968).

DE LEVITA, D.J. *Der Begriff der Identität*. Gießen: Psychosozial-Verlag, 1971 (^{2}2002)

DOMIN, H. *Gesammelte Gedichte*. Frankfurt am Main: S. Fischer, 1987 (^{2}2013).

EHRENBERG, A. *Das erschöpfte Selbst. Depression und Gesellschaft in der Gegenwart*. Frankfurt am Main: Suhrkamp, 2004 (^{2}2008).

ERDHEIM, M. Wie familiär ist der Psychoanalyse das Unbewusste? In: ROHDE-DACHSER, C. (org.). *Zerstörter Spiegel. Psychoanalytische Zeitdiagnosen*. Göttingen: Vandenhoeck & Ruprecht, 1990, p. 17-31.

ERIKSON, E.H. *Identität und Lebenszyklus. Drei Aufsätze.* Frankfurt am Main: Suhrkamp, 1971.

ERIKSON, E.H. *Jugend und Krise. Die Psychodynamik im sozialen Wandel.* Stuttgart: Klett-Cotta, 2003.

FLORIDI, L. *Die 4. Revolution. Wie die Infosphäre unser Leben verändert.* Tradução de Axel Walter. Berlim: Suhrkamp, 2015.

FRISCH, M. *Tagebuch 1946-1949.* Frankfurt am Main: Suhrkamp, 1950.

FROMM, E. *Die Furcht vor der Freiheit.* Munique: DTV, 1989.

HEIDEGGER, M. *Sein und Zeit.* Tübingen: Max Niemeyer, 1963.

HESSE, H. *Der Steppenwolf.* Frankfurt am Main: Suhrkamp, 1970.

ILLOUZ, E. *Warum Liebe weh tut.* Eine soziologische Erklärung. Berlim: Suhrkamp, 2011.

JASPERS, K. *Philosophie II. Existenzerhellung.* 4. ed. Berlim, Heidelberg, Nova York: Springer, 1973.

JIMÉNEZ, J.R. *Falter aus Licht.* Wiesbaden, Munique: Limes, 1979.

JUNG, C.G. Die Lebenswende. In: *Die Dynamik des Unbewußten.* Patmos, 2011 [OC 8, §§ 749-795].

JUNG, C.G. Kommentar zu "Das Geheimnis der Goldenen Blüte". In: *Studien über alchemistische Vorstellungen.* Patmos, 2011 [OC 13, §§ 1-84].

JUNG, C.G. Die Beziehungen zwischen dem Ich und dem Unbewussten. In: *Zwei Schriften über Analytische Psychologie.* Cap. 5: Die Funktion des Unbewußten, 2015 [OC 7, §§ 266-295].

JUNG, C.G. Symbole und Traumdeutung. In: *Das symbolische Leben. Verschiedene Schriften.* Patmos, 2015 [OC 18/1, §§ 416-607].

JUNG, C.G. *Symbole der Wandlung. Analyse des Vorspiels zu einer Schizophrenie.* Patmos, 2017 [OC 5].

KANT, I. Was ist Aufklärung? (1784). In: *Utopie Kreativ,* Caderno 159, jan., 2004, p. 5-10.

KAST, V. *Trotz allem Ich. Gefühle des Selbstwerts und der Identität.* Freiburg im Breisgau: Herder, 2003.

KAST, V. *Vater-Töchter, Mutter-Söhne. Wege zur eigenen Identität aus Vater- und Mutterkomplexen.* 4. ed. Freiburg im Breisgau: Kreuz, 2012.

KAST, V. *Die Blume des Glücks und andere Märchen von Autonomie und Selbstbestimmung.* 2. ed. Ostfildern: Patmos, 2013.

KAST, V. *Abschied von der Opferrolle. Das eigene Leben leben.* Freiburg im Breisgau: Herder, 2014.

KAST, V. *Lebenskrisen werden Lebenschancen. Wendepunkte des Lebens aktiv gestalten.* Freiburg im Breisgau: Herder, 2014.

KAST, V. *Vom Sinn der Angst. Wie Ängste sich festsetzen und wie sie sich verwandeln lassen.* 7. ed. Freiburg im Breisgau: Herder, 2014.

KAST, V. *Trauern. Phasen und Chancen des psychischen Prozesses.* 2. ed. Stuttgart: Kreuz, 1982 (2014).

KAST, V. *Paare. Wie Phantasien unsere Liebesbeziehungen prägen.* Reedição. Stuttgart: Kreuz, 2015.

KAST, V. Über sich hinauswachsen. Neid und Eifersucht als Chancen für die persönliche Entwicklung. Ostfildern: Patmos, 2015 (Originalmente publicado sob o título *Neid und Eifersucht. Die Herausforderung durch unangenehme Gefühle*).

KAST, V. *Die Dynamik der Symbole. Grundlagen der Jung'schen Psychotherapie.* Ostfildern: Patmos, 2016.

KAST, V. *Wider Angst und Hass. Das Fremde als Herausforderung zur Entwicklung.* Ostfildern: Patmos, 2017.

KAST, V. *Der schöpferische Sprung. Vom therapeutischen Umgang mit Krisen.* Ostfildern: Patmos, 2017.

KAST, V. *Der Schatten in uns. Die subversive Lebenskraft.* 2. ed. da reedição. Ostfildern: Patmos, 2018.

KAST, V. *Was wirklich zählt ist das gelebte Leben. Die Kraft des Lebensrückblicks.* Reedição. 4. ed. Freiburg im Breisgau: Herder, 2018.

KEUPP, H. *Riskante Chancen. Das Subjekt zwischen Psychokultur und Selbstorganisation.* Heidelberg: Asanger, 1988.

LEVINAS, E. *Totalität und Unendlichkeit.* Freiburg im Breisgau: Albers, 2003.

MARCIA, J.E. Development and validation of ego identity status. In: *Journal of Personality and Social Psychology* 3, 1966, p. 551-558.

MEYER, M. Das Gehirn von Jugendlichen ist eine Baustelle. In: *Prisma 4*, 2012, p. 4-7.

Norwegische Volksmärchen. Colônia: Diederichs, 1967.

PANKSEPP, J.; BIVEN, L. *The archaeology of mind. Neuroevolutionary origins of human emotions*. Nova York: Norton, 2012.

RIEDEL, I. (ed). *Die vier Elemente im Traum*. Düsseldorf: Walter, 1995.

RIEDEL, I. *Träume als Wegweiser in neue Lebensphasen*. Stuttgart: Kreuz, 1997.

ROUSSEAU, J.-J. *Emil oder Über die Erziehung. In neuer dt. Fassung besorgt von Ludwig Schmidts*. 13. ed. Paderborn: Schöningh, 1762, 2001.

SARTRE, J.-P. *Die Wörter. Autobiographische Schriften*. Reinbek bei Hamburgo: Rowohlt, 1956, 2012.

SEIFFGE-KRENKE, I. *Identitätsentwicklung in der Adoleszenz*. Conferência. Disponível em: http://www.equals.ch/files/vortraege/690/identitaetsentwicklung-in-der-adoleszenz.pdf [s.d.].

SHERMAN, C.; DICKHOFF, W. *Sherman Cindy im Gespräch mit Wilfried Dickhoff*. Köln: Kiepenheuer & Witsch, 1995.

STERN, D.N. *Die Lebenserfahrung des Säuglings*. Stuttgart: Klett-Cotta, 1992.

STERN, D.N. Das narrative Selbst. In: BUCHHEIM, P.; CIERPKA, M.; SEIFERT, T. (eds.). *Das Narrativ – aus dem Leben Erzähltes*. Berlim, Heidelberg, Nova York: Springer, 1998, p. 1-13.

THOITS, P. Multiple identities and psychological wellbeing. In: *American Sociological Review*, 51, 1986, p. 259-272.

TRIPPLET, K.N.; TEDESCHI, R.G.; CANN, A.; CALHOUN, L.G.; REEVE, C.L. Posttraumatic growth, meaning in life and life satisfaction in response to trauma. In: *Psychological Trauma: Theory, Research, Practice and Policy*, 2011. American Psychological Association. Doi: 10.1037/a0024204.

WINNICOTT, D.W. *Der Anfang ist unsere Heimat. Zur gesellschaftlichen Entwicklung des Individuums*. Stuttgart: Klett-Cotta, 1986, 1990.